太极内功解秘

祝大彤　薛秀英　编著

人民体育出版社

图书在版编目（CIP）数据

太极内功解秘／祝大彤，薛秀英编著．－北京：人民
体育出版社，2004
ISBN 7-5009-2563-8

Ⅰ．太… Ⅱ．①祝…②薛… Ⅲ．武术－气功－中国
Ⅳ.G852.6

中国版本图书馆 CIP 数据核字（2003）第 125308 号

封面题字：商开乾

*

人民体育出版社出版发行
北京冶金大业印刷有限公司印刷
新 华 书 店 经 销
*

850×1168 32 开本 8 印张 183 千字
2004 年 6 月第 1 版 2006 年 8 月第 6 次印刷
印数：30,191—38,190 册
*

ISBN 7-5009-2563-8/G·2462
定价：15.00 元

社址：北京市崇文区体育馆路 8 号（天坛公园东门）
电话：67151482（发行部） 邮编：100061
传真：67151483 邮购：67143708
（购买本社图书，如遇有缺损页可与发行部联系）

大道以虛靜為本

祝
太極同功所秘成書

劉哲
癸未年
元月

弘扬太极文化

徐 才

　　潜心探索太极拳奥秘的祝大彤先生，怀着让天下练太极拳者都得到内功的初衷，写成了《太极内功解秘》一书。他那执著追求太极拳理和太极文化的精神真是值得赞扬。这本书从深层次诠释太极拳内功，我觉得是很有新意的。在太极拳风行全国、走向世界之际，这类解析论证太极拳的书籍太需要了。

　　年初我应《少林与武术》杂志社之约，写了一篇《我的武术悬念》文章。悬念之一就是心愿太极拳在新的世纪风靡世界，成为人类健身、益智、修炼的好运动。可喜的是国际武术联合会已经把每年 5 月定为"太极拳月"。响应这个决定，世界各地的太极拳活动蓬勃兴起。最近从日本又传来好消息，福岛县喜多方市议会决定把该市建成"太极拳城"。4 月 29 日喜多方市开了个"太极拳城"的宣言大会，决意让太极拳走进市民中去塑造"喜多方人"。这项活动在日本是首创，在世界也属罕见。太极拳在深入世人之心，太极文化之花正在绽放。

　　遥望世界学练太极拳的盛景，不由得引起抚今思昔的感慨。太极拳的美妙早在上个世纪二三十年代就为西欧北美人士所青睐。被国人赞誉为四大名旦之一的程砚秋先生平时习练太极拳不辍，一次到欧洲演出时被瑞士人请去教授太极拳。程先生可算是向域外推广太极拳的先行者。本书作者祝大彤先生敬重的老师、被誉为"太极泰斗"，享寿 105 岁谢世的吴图南教授，在上个世纪20年代末所写《科学化的国术太极拳》堪称我国出版的第一本用现代科学观点阐述太极拳的著作。这本书从生理学与解剖学角度解析太极拳动作，并用了X光片拍摄了太极拳的每个式子。在那个年代能写出带有现代科学意味的太极拳书实属难能可贵。不仅如此，吴老先生还在《国术概论》一书中提出要把旧国术加以整理，详加改善，"使得于体育上，占一重要地位，成为真美善之体育活动。推而广之，渐及于全世界，全人群，岂不伟欤！"（吴图南《国术概论》第四页）吴图南这幅苦思冥想的美景，在旧中国当然难以实现。今天在新中国改革开放的年代，这已经变成生机盎然的社会景观，也在逐渐变成一幅惟妙惟肖的世界景观。

世界上太极拳运动构筑的社会美景，呼唤着太极文化的传播。我们不仅要把太极拳的拳理拳法、拳式传授给习拳者，还要将有关太极拳的哲学、美学、医学思想广为宣扬。十几年前，我访问法国时，几个热衷于太极拳的法国朋友说：只练拳不学《易经》就不够味了。所以要在世界上弘扬太极拳不能不把中华文化的精髓告诉习拳者，让人们从学拳中领悟太极拳的深厚文化内涵。

借此向诸太极拳爱好者推荐祝大彤先生最近完成的《太极内功解秘》一书，他的第一部太极拳理论专著由我题词"深研太极拳，高扬民族魂"。时隔4年，他真正身体力行，将太极拳理论研究向内功高层次发展，对太极拳理论研究作出了贡献。

2003年5月于首都

序

孙继光

"文武之道，一张一弛"。说起来容易，理解应用起来难。现代人对武术健身的认识，由于浮躁和急功近利，也由于知识偏科，人为的误区太多了。不仅仅武术健身与传统医学常常被分割，就是如何正确习练武术套路，包括练习太极拳的正确心法，这些技艺问题，也颇多偏差。

大彤兄在他的头一部著作中，认为这是精研太极到"艺术"境界的问题，还招来了些非议。说练武术、太极是一门艺术，有何不可呢？人世间的五行八作三百六十行，修炼升华到一定高度，都可以产生艺术现象。吃穿住行，饮茶、品酒，都可称文化。技艺纯熟到一定程度，像科学艺术一样求发展悟化，是负责任的可贵精神，应该受到高度赞扬的。我们中华民族文化主旋律中呈现的武术、太极奇葩，不是东方科学文化艺术中的珍品，那又是什么呢？但是，若深入到任何一种文化现象中去，都有个启蒙、混沌、认识、初级、高级、还归于文化、极致到艺术的阶段。东方文化里的武术太极健身文化，之所以被行家里手称为艺术，它虽然起源于冷兵器年代里的技战术之中，但又和我们中华民族悠久的聪明才智，极负责任的认真思维方式有关。中国人朴实、踏实、诚实、侠义、勤劳求进、强而不霸、明而自束、助人为乐、精益求精、睦邻共和才是传统美德。此种美德也以主流之态，体现在中华民族独有的武术、太极数千载蕴育发展之中。

我熟悉大彤兄，与他认真相交二十四五年了，现在又是武术健身同门，深知他喜欢武术、研究武术、修为武术，虔诚拜师求学多人，而摒弃门户之见、锲而不舍地追求真谛，已经到了如饥似渴的程度。如今，他人已七十，还在孜孜以求。他视中华武术与太极是中国文化艺术瀚海里的一门科学艺术，一种上乘文化。他对修为目标的体会与尊重，不是外行所能体验的。人至老道言而深邃。何况他本身早已是个作家，本身就是文化人，那修为根基就很深。

大彤兄对太极的修为，是抓住真谛了，他在上一本书中就明确指出，练太极之道，求养身健体，那根基必须深扎在传统医学基础上，所有松紧招式的修习，也必须符合医道规律，方才不会出偏出邪。此书，更是深一步阐述了上一部书的基本道理。并对一些弊端深入浅出地加以分析求证，很有艺术修为慧心，是实实在在的真学问、真东西。练太极求养健身体，求祛病延年，总之是可望可及的一种辅助手段。

大彤兄等成千上万文化人士，对党和政府所提倡的普及医学、体育、文化、科学知识的呼吁，深有所悟。要普及和拯救并弘扬发展的东西很多，全面行动起来，需要各路精英八仙过海，各显其能，并千里之行，始于足下。大彤兄把练武术到太极门类的普及、提高、发展的这一工作肩负了起来，满腔热情，虔诚写作，时隔两年又写出续集，难能可贵且不易。对于上部书，我给写了序，此次又盛情难却，在此感慨一番发出了些浅见，惟恐陋见陋言未能言中其书真髓。

我在此努力倡导传道不传法，法在道中修，艺中得，技在悟中熟之武林传统之德。此德，是大彤兄之志，亦吾之愿也。

因有同志同慨，方敢在此坦率直言供参考。或有不当之处，亦请大彤兄教正，同人批评指正，大众大家正误。不恭，希谅。

2003 年 10 月 1 日于北京西峰脚下陋舍寒宅

自　序

　　两年前出版一册太极拳理论专著，为什么又出版太极拳拳理小册子呢？其一，那册书是 1997 年完成的，第二年又修改润色一番，充其量是五年前的太极拳拳艺水平，成书后错处不少，多少有些遗憾。其二，笔者有一位研究秘宗学的忘年友，知我书中将内功修炼要"实话实说"，他说不可，他认为当今有人真假不辨，不如留有余地，对方尚有悟得的道行和兴趣。

　　笔者从上世纪 90 年代至今，在全国武术理论期刊、报章上发表太极拳论文近百篇，又有理论专著诞世，反反复复说理。杨禹廷大师有"打拳打个理"的教导，陈式太极拳家陈鑫大师在《学拳须知》中明示，"学太极拳先学读书。书理明白，学拳自然容易。"关于打拳打个"理"，悟得之后，写有心得，《学拳明理方得道》一文，发表在《中华武术》杂志上。几年过去了，笔者仍然重视拳理的研究。13 年前出版《吴图南太极拳精髓》，书中收有"国术概论"一文。此书原名为"专集"，经好友足球评论家金山先生睿智点睛，改为"精髓"为该书披上金身，功德无量。有武术学子撰写论文，论述"国术概论"，得到学位，不失为双倍功德。

　　有挚友玩笑"太极拳理论家"，不敢承接，笔者到外省市讲学，基本不传授拳套路，亦不教推手，只是讲拳理，说拳道。本着学拳先明理的宗旨，使对方比教招法，更深层地了解太极拳学，引入拳之根本，比学套路更为有益。

太极拳博大精深，修持大道、悟得内功是根本。笔者遵大道至简之本，下笔把握三易，即易懂、易学、易操作。当今社会科技、经济高速发展，全民同心奔小康。太极拳传播亦应与时俱进。君不见有人学练太极拳十年二十载，或更长的时间，一套太极拳练来练去却总也练不好，"太极十年不出门"也要重新定论。笔者十分赞同武派太极拳李亦畲大师的一句名言，他说："要心静。随人所动，向不丢不顶中讨消息。从此做去，一年半载，便能施于身。此全是意，不是用劲。"此言绝妙之极。"太极十年不出门"在先，他的"一年半载"施后，敢于冲破迷信，在封建社会是要有了不起的勇气。其实，太极内功的取得，老师是关键，教学方法要体现"大道至简"。

笔者传播传统太极拳道亦有多年，从来不说玄，如行气如"九曲珠"，气是看不见的。因为笔者不会九曲行气，说给学生是欺骗他们。不说不写玄虚的、看不见摸不着的东西，也不拿不懂的东西去吓唬别人。像炼精"化气、化神、还虚"，笔者知道此理论很重要，因为说不清、道不明也不会化，绝不去拉一面古典大旗。笔者坚持通俗能讲能做，对方易懂、易学、易操作，如此可有深研太极拳之兴趣，挽住内功上身。笔者授课讲解太极拳人的体能，有一句"皮毛要攻"。一位退休教授问"皮毛要攻"是什么意思？这时讲解是无用的，问她想看吗，围过来很多朋友，笔者在七八月酷暑里，将双臂平伸，大家看着竖起来的汗毛，不约而同地"啊"了一声，告诉大家皮毛攻是阳松，阴松汗毛是立不起来的，同道对阴松阳松的状态有了直观了解，修炼也方便。

群众性的太极拳活动，通俗易学好练为宗，对于深研者也不要搞玄学。说到底，修炼太极内功是以减法入手为是。太极拳杨禹廷大师，是大道至简的典范，他从来不说深奥难懂的拳理，以减法说理。总是教导身上不要挂力，83式326动，练好一阴一阳两个动作，一通百通。老子说，"天下莫柔弱于水"。水看起来柔弱善小，但它能水穿石空，任何坚强的东西都败在水的川流中。我们练拳如行云流水，被动行拳距内功上身就不远了。

修炼传统太极拳有益身心，胸怀大度，心态平淡，修为平和。笔者承传下来的拳艺尽一切可能向后学者传授，这是武术太极拳人应该努力去做的。这册内功解秘的宗旨是向世人普及太极内功，作者在书中阐明什么是太极拳，细述放松周身上下九大关节的必要以及如何修为。修炼传统太极拳，九大关节不松就无法深层次深研拳道。

太极拳博大精深在何处？在修炼者身上，要改变思维。关于太极拳的松，笔者深入剖析，首次向公众明析阴松、阳松、阴顶、阳顶以及阴阳互抱太极图；书中触及到意识、潜意识、潜能等等；书中还分析人体中的力点，如何去掉力点……总之内功解秘面对面、零接触，中间毫无障碍。只要您有意修炼松功，欲得到松功，请您坐下读书，研究太极拳理论，不管您习练哪家哪派，天下武术是一家，修为松功，终极达到全身透空。心神意气安静，极为安静，清静无为，达到健康、长寿的最高境界，这是太极拳大道。

我和我的《太极内功解秘》将是你们的朋友，您从中可以找到修炼松空的台阶，拾级而上进入虚静的太极拳精彩世界。

祝大彤　于北京西坝河书斋
2002 年 12 月 26 日

目　录

第一节 引 子

笔者的太极拳理论专著《太极解秘十三篇》问世后，读者来信、来电、来访者不断。从纽约来了几位习练传统太极拳的爱好者登门拜访，领队的陈先生说，在纽约可以买到此书，希望再出一册指导内功的书。

来访、来信者都说通读过多遍《太极解秘十三篇》，提出许多问题。笔者每天忙于回信、接待，电话答疑、解惑，忙是忙了点，但心里很舒坦。向世人传播传统太极拳的拳理拳法，是我的夙愿，因此乐此不疲。以书为媒，同道利用2002年的"五一"长假，从全国各地汇集北京，探讨传统太极拳的承传和发展，自发纪念吴式太极拳宗师杨禹廷诞辰115周年暨忌辰20周年。杨禹廷宗师的追随者畅谈了习练后身体健康，增强体质的感受，周身松柔，脚下轻松，动作协调轻灵、敏捷，心情十分舒畅的感受。

同道们希望笔者进一步将太极拳内功公诸于世，将传统吴式太极拳83式以阴阳剖析介绍给公众，以解修炼者的渴求。把握阴阳变转之拳艺，在修炼过程中退去身上本力，深研太极内功的功法，是无数传统太极拳人亟待解决的关要。其实在《太极解秘十三篇》成书之时，笔者总有些遗憾，未能把修炼内功之途径更为具体详尽地介绍给同道，笔者一定要完成这一巨大的工程，也是责无旁贷的历史使命。

在将如何修炼内功奉献给读者同道之时，从何处作为切入点，作者苦费了一番心思。因为所有修炼传统太极拳的朋友，他们的文化修养、文化背景是不同的，他们的职业也大不相同，落笔必须做到雅俗共赏，深入浅出，使初始习练传统太极拳的朋友也能读进去，从书中获取修炼太极拳的知识，一定要有可读性和趣味性。笔者的愿望，尽可能地协助拳友同道能在修炼内功的道路上找到大门，登堂入室，找到自己习练太极内功的阶梯和步入其境之途径，且不会走弯路。

天下武术是一家。内功解秘适用于内家外家的各门各派，只要坐下来读书，切磋研究，内功定能上身。

陈鑫大师引导后学，顺利步入习练传统太极拳殿堂的技巧时，暂且说是学习技巧，他在《学习须知》中写道："学太极拳先学读书。书理明白，学拳自然明白。"以此金句作为笔者的开场白。从哲学、文化、科学、医学、美学等方面作为切入点。

一、太极拳与文化

没有太极拳就没有太极文化。太极拳与文化的关系源远流长，像阴阳相济互抱不离，没有文化传播，太极拳也不会有繁荣的今天。我们称太极拳是文化，没有人反对这种看法。太极拳走出国门，不久的将来，太极拳成为奥运竞赛项目也只是时间的问题。

太极拳走向世界不是因为拳脚功夫，而是因为那迷人的文化魅力，以及东方文化深厚的底蕴，使世界的太极拳爱好者信服"太极拳好"，从习练中知道太极拳是哲学拳、医学拳，对于人类保健养生、内外双修是上乘的养生功法，认识到太极拳是中华民族宝贵的文化遗产，从学练太极拳中，认识了中华民族的伟大。

太极拳是文化已经不容置疑，太极拳是高品位的文化，太极门松功的《内功学》同样是一种文化现象。因为松功成就的人不多，未能成为氛围。关于太极文化，前国家武术院的老院长徐才先生谈得深刻，而且对当今的修炼很有针对性。

关于太极文化，他认为："太极拳是东方体育文化的一块瑰宝。"追根溯源，太极文化是在我国五千年文明史的发展中孕育而成的。有人不了解武术文化，思路打不开，难以把握太极拳的文化品味。它的保健、养生、益脑、健脑的卓越功效，它的文化价值比拳技丰富多了。

太极拳是文化，独树一帜，自成体系。太极拳不能与一般的拳种混为一谈，我们不能自己将太极文化降低到谈武论打的窘地。张三丰祖师说："不徒作技艺之末。"太极拳不是以武论道，太极拳人不可不细微体味。太极拳冲出国门，走向世界。怎么走，是值得我们深思的一个问题。徐才先生在上世纪90年代初就强调过，他说："太极拳所体现的阴阳学说，是中国古代哲学的重大思想成果。"太极拳走向世界，是有丰富内涵的太极文化。"作为东方体育文化瑰宝的太极拳，它蕴含着丰富的古典哲理，不同于西方体育只重生理机制；它强调整体性，不同于西方体育重局部分解；它以经络学说为基础，不同于西方体育以解剖学为基础，可引导人们从躯体锻炼的此岸达到心灵净化的彼岸，真是好得很！"（引自徐才《"太极拳好"的遐思》）读了这段文字，令人热血沸腾。只有太极文化走向世界，才是太极拳真正走向世界，并不是什么式什么式到国外去教套路。我们的目的不是单单向外国朋友介绍、教授中国太极拳，而是传播中华民族珍贵的文化遗产，弘扬太极文化。太极文化是中华民族、也是全人类的文化精髓。以太极拳为切入点和媒介，让国际朋友们理解它，使之重视中华民族的传统文化。太极文化走向世界，没有高知识阶层的太极拳修炼者，是难以完成这个使命的。

徐才先生在武术领导岗位上工作了十几年。从一位新闻工作者转行到领导武术工作，从不知武术到多知直至全知武术，走过相当艰难的道路。理顺武术各流派的关系，出台一批武术规章制度；亚武联成立，使数以百计的国家成立了武术协会；从一盘散沙式的武术人，成为今天有组织的浩浩荡荡的武术队伍，使我们清清楚楚看到徐才先生武术组织工作的才能和人格魅力。

徐才将武术文化看成一个世界性的事业，他在《徐才武术文集》中向读者敞开心扉，"我把武术看做是一个文化性的事业。发展武术是弘扬中华民族优秀传统文化的一个壮举。武术太极拳作为传统文化的一个组成部分，涵盖着中国古典的哲学、美学、伦理学、兵法学、中医学等博大文化的内容。习练武术不只可以健身强体，而且会受到中国传统文化的感染和熏陶。看到海内外朋友在习武练拳时，从一招一式体会阴阳太极之理，品味养生处世之道，真可谓是一个绝好的中国传统文化课。优秀的传统文化是需要通过一个载体去传播的，武术太极拳就是一个文化传播的载体"。

徐才老院长时时关心传统太极拳的承传和发展，不要搞什么式，只有循太极拳的规律，太极拳的阴阳学说，按太极拳的特性循规蹈矩去修炼，才有可能真正弘扬博大精深的太极文化。徐才希望我们遵太极文化之规律将太极松功绝学传下来，不要把这块丢掉。

太极内功绝不能在我们这一代手中失传，要继承下来传播出去。在传播太极内功的过程中，要尽心尽力，要讲清楚，使之通俗易懂、易学、易操作，要将松功拳理拳法交给广大拳友，凡太极拳深研者都能把握太极松功是我们的夙愿。

二、太极拳与科学

上个世纪的 30 年代，太极拳大师吴图南出版一册《科学化的国术太极拳》。他写道："有好学君子，不得其门，徒滋遗憾耳！"遂生写此书之念，以帮助想学练太极拳又无门可入之人，故疾笔成书。老人家为普及推广太极拳运动尽心尽力。

大师言道，普及太极拳，用科学之方法，外增体力，内固精神，强族强种，卫身卫国。发挥国光，去腐化之恶习，作强种之建设，使国术科学化。大师将组织太极拳训练归于科学化，诸如生理卫生、时间安排、场地等等都以科学化方式进行严格管理。大师在治学中有一句名言，他说："闻道有先后，术业有专攻，师不必是非曲直于弟子，何况学问之道，向无止境，愈研愈精。"大师反对"独有之妙，秘而不宣"之陋俗，大师将太极拳归类在科学化之门下，是用心良苦的。

太极拳是科学，这是不言而喻的。千百年来传统太极拳有一套严谨的治学方法，发展到杨禹廷这一代，将太极拳区分为阴动和阳动进行教学，以体现王宗岳在《太极拳论》中提出来的"阴阳为母，动静之机"的阴阳变转观点。阴动的起点是阳动的止点，阳动的起点是阴动的止点，具体体现阴阳相济之太极图的阴阳鱼首尾衔接，互抱不离，似手表的机心，一个齿轮扣一个齿轮，<u>丝丝相扣</u>。而太极拳的方位、方向性也极为严谨科学，笔者以几何原理，画了一个圆形的八方线图，使套路路线适应太极拳的规律，盘拳走弧线，给以科学的规范。

太极拳科学还反映在太极拳的重心极为准确，以重心脚确定中心点的位置，可利用的空间无限，四面八方照顾全面，这是科学的中央拳法。传统太极拳的中正、中心点、重心，是科学化的中正学说。

科学化的太极拳，是要循太极拳的规律，松、柔、圆、缓地轻慢行拳；科学化的太极拳要明拳理，循严谨、科学的拳理拳法修炼，不可有随意性。吴图南大师的名言希望同道铭记，要有"脱胎换骨之精神，百折不回之毅力"。李亦畬大师说得明明白白，他要求习练者，要"心静"，要"悉心体认，勿自伸缩，要刻刻留心，须向不丢不顶中讨消息。从此做去，一年半载，便能施于身"。杨式太极拳在京城的掌门人汪永泉大师，古稀之年仍为太极拳接班人的培养操心，他向武术领导部门请缨，选派10名青年学生由他教导，采用他的教案和练法，三年内能培养出确有功夫的人才。一位清末大师提出一年半载可出人才，一位当代大师三年培养出人才。这是中华民族大公无私的美德在太极拳人身上的体现。如果他们没有一套科学的训练方法，敢说此令人心灵震撼的话吗？不能！

笔者下面就科学化训练提供一些建议。首先请你练拳时不要用力，练拳的过程是退去身上本力的过程，用力练不是太极拳。小孩子也会用力，用力是先天自然之能，用力也不会出太极内功。

请你练拳时注意，要轻练、慢练、虚灵练，动作柔缓、均匀，不要有棱角，要求做圆。这是太极拳的品格，是它的特性所决定的。为了内功上身，一定要循太极拳的规律修炼。笔者有一个科学练拳法，名为"太极功夫在拳外"。你每天在拳场练拳时间不过一两小时或更少，这点时间是远远不够的。在拳场以外，行、动、坐、卧等都要想着拳，练功，也就是常说的"拳不离手"。

两小时练拳以外，要松脚、松踝。坐下写字要空胸、松腕、松膝、松胯，不要将上身的支撑力压砸在腰上，尾闾微收，腰便躲开支撑点。

科学练拳有下面多种练法。

全套路：几天练一次便可以了，力求走圆。

练单式：一式一练或二式连练，如搂膝拗步（去）倒撵猴（回）。

反式练：拳套路均往左练，反向右练。

单手左练：左手单练，可正反练，右手松垂，不做动作。

单手右练：右手单练，左手松垂（左右单手练时，以单式，几个式连练为佳，不熟易僵，全套路练当然好，但以轻松为要）。

无手练：左右手松垂练。此种练法，多在等车、等人时只走脚下步法；夜深人静时可以练。因为夜间无手练极佳，练出一双太极脚。

默练：在飞机、火车、轮船上，全套路脚起脚落意走一遍，周身渗汗，效果极佳，亦可练单式。

如果有的部位僵紧，可单独训练某个部位，如：松腰练（松腰难求，按照你的理解，能做到即可）、松肩练、垂肘练、展指舒腕练、松胯练、松膝练、松踝练。松脚练，要随时松脚，双脚平松落地，不是踩地，脚趾的小关节要一一松开。练此功不限时，睡觉时也要松脚、松趾。

这是退去本力、人体进入内功的真谛习练法，也是科学化的训练法。

在太极拳圈子里有"太极十年不出门"的说法。这种说法根据太极拳博大精深而言，也是科学的。太极是练得的，而准确地说，是修炼中悟得。没有悟性，不要说十年，二十年也难以功成。那么两位大师提出"一年半载"和"三年"能培养出人才吗？可以。练太极拳，练来练去不成材，责任不在学生，责任在老师，老师不是保守，就是教学方法不对，不尽心学练的学生是有的，但数量极少。

一年半载培养出太极人才有可能，三年培养出人才并非难事。教案是这样的，太极筑基功要打下两年的基础，一年讲拳法，三年之后不会走弯路，功夫自己去练，三年培养太极人才是可行的。

笔者20世纪90年代在某高校教授太极拳，只教拳架不讲内功。1999年插班来了一位本科生跟在后边学练，她曾连续两年在高校武术太极拳比赛中荣获金、银牌，于2002年拜笔者为师学练传统吴式太极拳。由于有从学三年传统太极拳的功底，入门后着重给她说内功。学传统太极拳共三年半，她已经初步突破了"心脑不接"这道关卡，身上退去不少本力，接触点上能退去力点。还有一位男生入门后，盘拳时初步符合太极拳的规范，能去掉力点，时间也是三年半。

三、太极拳与医学

医武同源，互相渗透。医是武之根，医武结合，医耀武荣，医是武之宗，医与太极拳之关系源远流长。如果说太极拳是医学，这一论点，会得到许多太极拳修炼者的认同。吴图南大师在他未面世的《松功论》中写道："祖国医学太极拳，对人体慢性病与病后恢复能起显著疗效者，良以此也。"

笔者早年读过几册太极大家撰写的太极拳技艺书籍，在文前文后都说太极拳对慢性病康复的效应。练太极拳久之，经医疗部门研究，可调节中枢神经系统的功能；练拳时深长呼吸，对心脏供血充氧和排除血内垃圾，血液循环系统、微循环系统，以及消化系统、骨骼、肌肉都可受益，从而增强体质，有抗衰老之功能。总之，太极拳是有氧运动，练罢拳收势，不会气喘吁吁，也不会大汗淋漓，获得周身的轻快，气道、血道通顺等等。说到太极拳医学，准确地说应该称太极拳是"预防医学"。笔者习练太极拳多年，在修炼过程中，不但退去身上的本力，身体的灵活、敏捷、虚灵空松之感使身心格外舒畅。周身松空之后，五脏六腑通顺无阻，胸腹有空荡、腾然之感，经脉通畅，老年斑生长缓慢，减缓衰老进程。可见，习练太极拳有明显的益身之效。为什么说太极拳是预防医学呢？太极拳不是医院，很难说练拳能治病，但可以起到预防和使慢性病康复之功。太极拳不同于一般运动，也不同于竞技体育和勇猛刚烈的长拳短打。凡循太极拳规律练拳的人，保健、养生的效果逐渐明显。因为循规蹈矩练拳的人，行拳不但符合太极拳阴阳学说，更符合拳之规范。太极拳的理论基础是道家养生学，其根在博大精深的中医学上，经常以松、柔、圆、轻、缓习练，遵阴阳学说行功是修大道。如此修炼，无淤无阻，经络、气道、血液通畅，微循环系统加速。微循环被医家称为人之第二心脏。微循环的功能是向心脏送氧，心脏向身体各部输送血液，排除血内垃圾，送氧排毒，"一送一排"给太极拳人带来养生之道。太极拳对女性习练者更为偏爱。久练太极拳使微循环系统更为通畅，面部红润有光泽，容貌显现自然之美。

笔者在多年的太极拳修炼中，感觉脊椎有热胀感，还觉得身体皮肤有什么东西在串，进而看到前臂上的汗毛立起来。在暑热天习练，身上、臂上立起的汗毛嗖嗖串着凉气，冷天有热感。这是"体能"，是太极拳人练拳到一定的境界，身上反映出"关节要松，皮毛要攻，节节贯串，虚灵在中"的体能。这是在习练太极拳的过程中，体内发生了变化，是一种练拳中的健康现象，是体内抵抗疾病机制的增长。笔者在《太极解秘十三篇》中写道："遵循太极阴阳之道，掌握阴阳变化，按照太极阴阳学说规范行动，日久您便会得到一种新的感觉，您的大脑变得比以往更聪颖，身上产生一种健康的、不知疲倦的，过去从未有过的新的体验。您将牢牢把握自己的生命运动！"

笔者因为习练太极拳大大受益。几十年未患过感冒，二便通畅，不知便秘是啥滋味，每天拳不离手，被现代人远离的打嗝、放屁等现象，在笔者身上从未消失过。但不幸的是，许多同道的习练方法脱离了太极拳"阴阳变转""举动轻灵""用意，不用劲力"等祖训，一味用力，不顾健康，不顾伤劳脏腑，以力劲推，还去打沙袋、推碾盘，在省市比赛中也风光了一阵，但半百而亡。当然，人之寿命难以测定，习练太极拳二三十年，到 50 岁西去，不是能显现一点端倪吗？还有些同道行为不检点，嗜酒如命，一顿一斤多，以显"武松"之量。虽然酒钱有人掏，身体是自己的，医院抢救还得国家报销医药费。有不少朋友，练拳多年后，没有得到健康反而练出一身病来，高血压、糖尿病、肝炎以及癌症缠身，每天药不离手，拳呢？

笔者的师兄孙继光，是民间中医药大家、养生学家，他在《太极解秘十三篇》序言中动情地写道：

"太极拳，是拳，也是一种文化。否则，其就不能称之为道与术，更不是学了。那就是降格为武夫浑蛮之事了。虽然太极拳的创法人还是要学其术之人，在冷兵器年代显术于格斗场或生死搏击之战中。但试想一下：练此拳之人，甭管是古今的何宗何派，近现代的孙、吴、杨、陈、武几大家也罢，依人有天、地、人三才之象，其术还是仿宇宙之力的仿生学。也就是说，根基还应归在医文化这个总道上才是正宗。古今的太极大家们教人学习其艺，都要求徒众深通人的脏腑经络穴位学问，以求其艺显能在人的阴阳气血功能上，是逆向学习，以造病造伤为能也。虽是逆向学习，却要求练其术的人本身要超常健康，并且具有抗其伤病的能力。这是一种多么高的境界啊。收发自如，是行话。能做到此，其人定是一个超级医学养生大师啊。现代人习练太极诸术，当然已然易化为主要在自维上，不再是渴求外向功利发展，专以技击别人为目标雄视天下了。这样拳师们更注重姿态的优雅，内气的顺畅，而不像古拳师那般注重医道之根基了。这当然是一种善易，但也出现了新问题，因不注重医功，似成盲练，自身气血的因时易转之学就被忽略、淡化，或成了绝学。有人盲目地认为，只要坚持拳不离手，技不离身，照式走乾坤，就可以受益等等。结果许多大师、能手名声显赫，却疾病缠身，或者短寿猝死。把太极拳也搞成了极限运动，使旁观者难知根底，对之敬而远之。长此以往，太极拳这个运动性文化艺术会不会也成为现代人直呼'抢救'的项目之一呢？很难说。特别是'文革'中，祭起了名曰反'封、资、修'的旗帜，文化精萃当成了'垃圾'，中医、易学遭了劫难，各种武术流派包括太极拳，都一时转入隐藏隐蔽喘息状态，沉默了十几年后，使许多有真传的大师级人物含恨终身，带绝学入了灵枢，致使浩劫后复出的艺术也带有了肤浅的成分，一方面陷入美好的回忆中，言昔时大师前辈们如何如何超凡入化；一方面自叹弗如，使其带上了玄味神秘色彩。

这样下去，很容易误入歧途。"

在修炼太极拳的过程中，还有一项令拳人兴奋的收效，是健脑、益脑效应。有常识的人，均知道人有无限的潜能有待开发。据医学家介绍，人的大脑仅使用百分之十，如果再开发零点几，人类的智商会更高，如此，人类把握科技水平会更加突飞猛进。笔者说太极拳是生产力，绝非诳言。无独有偶，医学家透露，号称人类第二心脏的微循环，周身盘根错节九万多公里，体内无所不在，可是只有百分之十在工作，还有百分之九十未开发。大约每平方厘米有200根微细血管，仅有20根在运转，如果把那180根也开动起来，人类健康将大大改观。笔者有一个梦想，人类都能遵循东方文化太极拳的规律，习练太极拳，大脑的活动上升若干个百分点，微循环系统开足马力畅通，那时人类潜能将大大开发出来。

潜能是什么，太极拳人说得最多的是意念。意念和意识似乎是一个东西，又不同于一个概念，"意"同而"念"和"识"有区别。那么意识和潜意识，是潜藏在人类体中巨大的能量或称能力，太极拳人称它为"潜能"。太极拳人习练拳时，正确的练法是用意不用力。这是很不容易做到的一件事，自己的意识还指挥不了自己的行动，要经常多时多日地反反复复习练，在习练中找到太极拳的运行规律。找到太极拳运行规律以后，习练者体悟到，用意就是用意识去习练，太极内功便慢慢在身上显现出来。用力练拳阻塞身上内功的通路，便自然不去用力习练。"道法自然"，老子的名言在练家身上起到根本性作用，知道了练拳操作越自然轻灵越好，这时应称为道法自然的修炼。在你身上，从大脑反映出来的潜能初步开发出来了，你身上松空，是内功的反映，对方在你身上用力，他脚下当然要飘浮。因为对方触及到一个似有似无的物体——空松的人体，他的视线点、力点、神经点都摸空了，他的脚下的根基没有了。

这是太极内功，往大说，是人类巨大潜能的成功开发。如果你练太极拳用力，首先你扔掉了支撑太极拳医学的根，有悖于轻灵和用意识修炼的拳之规律，如果你再晃动身躯、活动着双臂像抡着两根肉棍子，还能开发潜能吗。你悖于太极拳的真理，做太极操多年，根本不知拳之"味道"。

四、太极拳与美学

太极拳是艺术，这是广大太极拳人的共识。太极拳被视为艺术，是其自身的品格所决定的。这是东方传统文化的魅力和价值取向。太极拳有一种动态艺术的美，有人说她是流动的诗，是立体的画，是动中有静，静中有动，有动静相兼、高品味的松柔动态运行形体艺术之美。

太极拳大师杨澄甫曾说过，"太极拳乃柔中欲刚，绵里藏针之艺术"。吴图南大师说，太极拳是"真善美之体育"，杨禹廷称太极拳是"玩艺儿"，上海傅钟文先生说："太极拳是一门高级艺术，太极推手是一门高级艺术。"太极拳艺术之美，难以言表，它给人一种忽隐忽现的美，神秘化解发放之美。太极拳已经悄悄进入艺术美学之领域。伟人邓小平题词"太极拳好"，好就是完美，是完善之美。进入高境界的拳家行功，中正安舒，虚无缥缈，人似立在一个点上，在空中飘动，上下相随，轻灵蝶舞，忽隐忽现，似诗似画，美仑美奂，美不胜收。

太极拳人希望美学界人士关注太极拳美学这一新的学科，在美学领域里给予研究和扩展。在美学的领域里研究太极拳学，对于修炼者来说，是调整在习练中的不规范行为，将走入歧途的人校正到太极拳健康修炼的轨道上来，对太极拳有一个真理性的认识。有人给太极拳一个"高雅艺术"的说法。个人对太极拳评价的高低都是个人行为。因为太极拳人的文化修养、文化水平不同，对太极拳的认识各异，无须强求一致。

太极拳的品格和美学价值是十分可贵的，太极拳的品格和审美价值，千年不改，万年不动，任人点评。说松、说柔、说刚、说力、说软、说僵、说紧、说空、说美、说丑、说诗、说画等等，任人评说。对待太极拳的修炼，有人用力，有人用意，有人将传统太极拳取现代练法，你还勿言叛逆，人家是现代版的太极拳，继承和发展么。

太极拳就是太极拳，随便说，怎么理解都可以，不急不躁。太极拳的大门是敞开的，门内世界十分精彩，想到的、想不到的精致之极，考古、探宝比比皆是。谁来都请进，老子说："天道无亲。"

有人说进太极门先要登上掤、捋、挤、按、采、挒、肘、靠、前进、后退、左顾、右盼、中定共十三层台阶；有人说"紧""松"是灭顶之灾。任你怎么认识，任你怎么理解，不卑、不亢，爱怎么练便怎么练。无阴无阳，用劲用力任君选择，循规蹈矩，违规操作，随君之意。这是太极拳之美。循拳之规律修炼，进入太极之门并不费难，太极拳大门常开，进来欢迎，门前徘徊，不拉不拽，进得门来是朋友，不进门也是朋友，这就是太极之美。

五、太极拳与哲学

太极拳的拳理源于《老子》和《易经》。因此，广大传统太极拳爱好者将太极拳与中国古典哲学联系在一起，认为太极拳是哲学拳。太极拳与哲学的关系源远流长，可以说，没有中国的古典哲学也不会有今天的太极拳。

徐才先生对太极拳与哲学的关系说过这样的话，他说："作为东方体育文化瑰宝的太极拳，它蕴含着丰富的古典哲理。"指导太极拳人修炼的《太极拳论》就是一部精炼的古典哲学著作，它开篇指明拳之真谛："太极者，无极而生，阴阳之母，动静之机也。"告诉传统太极拳研习者，凡事物均有生于无，太极拳亦然。动分阴阳，两仪生四象。继续告诉我们，"动之则分，无过不及"。太极拳拳艺之过程，说简单了，为上下、左右、前进、后退、中定四正四隅，由四面八方的方向、方位所组成。不管你是哪家什么派，凡是太极拳都包容在内，无有一家例外。有可能名称不同，拳法有异，但各家、各派的太极拳，都尊崇王宗岳的《太极拳论》，"虽变化万端，而理为一贯"。王宗岳宗师的拳理，其中蕴含着深刻的哲理。他在拳论中提到"不偏不倚，忽隐忽现"，单从字面上不好理解。所谓的不偏不倚，是理也是法，说明白些是"中正"，不偏不倚为正。太极拳的中正从内外双修理解，要求习练者先有心、神、意、气精神上的安静，方可有外形的安舒中正，心神不静难有肢体的干净，这是拳艺在人的内心世界和外形把握的两个方面。太极拳习练者行拳一定要中正，如何中正，是"忽隐忽现"的中正，是双脚与大地离虚，是飘飘欲仙的中正。这是太极拳的哲学，这是太极拳的特性。太极拳要求习练者必须松空修炼，舍此难以完成自家五脏六腑的通畅，难以打通微循环。有人说"紧练"，紧练对太极拳来讲，此路不通，难以走入太极之门，中国古典哲学示人：大道以虚静为本。

太极拳是"理境原无尽"的哲学，每个动作都有哲理，动作衔接阴阳变转，势断意不断，在拳理的境界里道理无尽循环往返，太极拳是圆环哲学。笔者在一篇文章中谈道"动之则分"，"怎么分，细说，指尖与指根分，指根与掌分，掌与肘分，肘与肩分……从腰分，腰是坐标点，上松到手，下松到脚，全身都开了。"这是例举杨氏老谱中"对拔拉长"中的细分。暂定为"分说"，这是哲理、拳理和拳道。太极拳修大道，要阐述松柔、松空、松无之根本，太极拳修到上乘神明境界，到"无形无象，全体透空"，神明状态也讲究"动之则分"。有朋友对"分说"持异议，认为无法操作。操作和分说，不是一个层面，单从操作讲，是"拳"和"术"，拳术和拳道不是一回事，难以相提并论。

太极拳人要广学博识，博采众长，涉猎百家，读书要广且杂。不妨读些中医药学、解剖学、人体科学、经络学、心理学、古典哲学、天文学、逻辑学、美学、文学以及老子、庄子、孟子、佛学、道学、《易经》和《孙子兵法》等古典文献。中华民族自然科学的珍贵文化遗产，是先贤智慧的结晶，领军人物当尊老子，老子在其"空无之道"的论述中讲"天下莫柔弱于水，而攻坚强者之能胜，以其无有易之"。古代思想家、哲学家的思想相通相承，有着深厚的内在联系，相互影响，相互渗透。太极拳拳法求的不是简单的拳术，拳理修炼是虚静无为，拳法为道法自然的松柔、松空的阴阳学说，较技、技击亦以大道虚静为本，以保持自身的重心和平衡从不去主动出手攻击他人。拳术者说，有前有后，有左有右，有上有下。拳道者戒，无前无后，无左无右，无上无下，阴阳平衡，安舒中正，神为主宰。道和术修炼的起点始终不在一个基点线上，道指导术，所以太极拳被誉为博大精深。笔者在同道中提倡以文会友，也是看重太极拳的哲理内涵。

传统太极拳研修者修炼太极拳是修大道，中道、小道可不可？不可！太极阴阳学说就是大道，知人者智，知拳者智。明明知道太极拳的特性是修松柔、松空，而有人提到"练紧不练松"。老子在两千多年前就在五十三章句修道中指出："大道甚夷，而人好径。"大道不走自寻小路，也是太极拳修炼大道上的无奈，天要下雨，是挡不住的。君子以文会友，以友辅仁，太极拳同道，松练是朋友，紧练也是朋友，大道朝天，随之不见其尾，道法自然，行于大道，大丈夫处其厚，不居其薄，万物得一而生，紧和松早晚要走到一起，老子之道"柔弱胜刚强"是真谛。

　　太极拳得道者，行被动之拳，得术者主动练拳，道路不同，思维方式不同，结果也难求同，这是太极拳哲学。千里之行始于足下，沿轨、离轨任君随心所欲，这是太极拳哲理。太极拳圈内走，环外行，物竞天择，适者阳光灿烂。

　　太极拳松柔自由，轻灵圆活，动静相兼，阴阳变化，亦诗亦画，多维审美，是哲学在太极神韵中的反映，美哉太极拳哲学！

第二节　松功源流

人体松功，内修心、神、意、气的静，极为安静。外示肌骨松净，退去本力，极为干净。

操作至简，心意松，肢体松。

什么是太极松功，松功是松柔、松空在习练者身上的表露。习练太极拳的人，通过拳架修炼，周身内外经过太极阴阳的梳理，克服心脑的动意，肢体的本力将渐渐退去，使习练者举动轻灵。内修心、神、意、气的安静，胸、腹似一把空壶，或似提着的灯笼，达到虚静空无的状态，外表肢体干净，处于皮毛攻且虚灵的状态。松功在人体里是有反应的，除练者身体有异样的体验之外，自脚向上踝、膝、胯、腰、肩、肘、腕、手等九大关节要——松开，且节节贯串。

杨式老谱对人体有独到的见解，谱云，"天地为一大太极，人身为小太极。人身为太极之体，不可不练太极之拳"。人身亦是载体，太极功夫以人身为载体是很恰当的，人有发达的大脑并且充满智慧，对太极拳拳理有充分的理解，且身体为太极之体，正确地运用人体接受太极拳功夫是可能的。可以另类解析，太极拳内功似一个幽灵在空中游荡，寻找一个载体借以安身，这个载体当然是太极拳习练者。习练者周身空松，从里到外均——放松，等于打开进入人体的通道，太极拳幽灵顺利进入体内，得到了太极内功。相反，用力将周身通道堵塞，太极内功幽灵则难以进入。

太极松功只有人作载体，其他任何动物难以承接，你要得到松功，必须适应太极拳技艺对人体的要求。

求心神意气松、关节松、肢体松、周身松。太极拳与任何兄弟拳种不同，从学练的第一步就要进入松柔功夫的习练。练拳和松柔功夫不能脱节，如果脱节，久而久之，动作僵滞，身上松不下来。

我们的先贤在几千年的保健、养生的实践中认识到，练太极拳不同于其他拳种，应该在松柔的状态中行拳，不断完善与完美。有文字记载的可以上溯至唐代先师李道子之《授秘歌》，有"无形无象，全体透空"之绝句。后人注释为"忘其自己，内外如一"。笔者译为"心神意气松，周身肢体净"。

太极拳尊崇道家的学说，拳理源于《易经》和老子的《道德经》。《易经》之"易"是阴阳变化，阴为隐、为虚、为松、为无；阳为显、为实、为展，太极拳人必须遵《易经》《道德经》之道理，循道而修。

什么是太极门松柔功夫？当代太极拳大师有精妙之论，请听他们对松柔之见解。吴图南大师在他的《松功论》中讲道：

"凡练太极拳者，皆知松、沉为太极拳之主要条件。"

"松者，蓬松也，宽而不紧也，轻松也，放开也，轻轻畅快也，不坚凝也，含有小孔以容其他物质之特性也。凡此种种，皆明示松之意义也。"

京城太极拳大师杨禹廷明示："全身自然舒松，节节贯穿，头脑安静，神经不紧张"，"身心松静，自然舒展，柔、圆、缓，胸腹松净，周身血液流动畅通，神经末梢活跃，体肤感觉灵敏。"

杨老拳师经常要求我"手要平，不用力，身上不挂力"。

我们后来学子得知松之要义后，就应该循规蹈矩，在明师指导下，一招一势习练太极拳，按照太极阴阳学说循太极拳松柔之特性修炼。太极拳在习练中将身上、手上的拙力、本力慢慢退掉。武术门中各家各派的兄弟拳种的训练跟太极拳大有差异。各类外家拳，他们训练学子从勇猛坚刚入手，讲究踢、打、摔、拿、击、较力、格斗、搏击，打出威风。但是，各类拳种到最高上乘功夫，也将是阴阳相济，内外相合，用意不用力的境界，最终归于松柔。内家拳和外家拳的心态不同，训练的拳艺不同，太极拳人是从轻灵、松柔接受训练的。

松柔功夫不是太极拳独家追求的功夫，凡武术各类拳种无不将松功列为最终的上乘功夫，只是从理解上有差异，训练方法不同而已。各门类艺术家、雕刻家、演员、歌唱家等都追求心态放松，演员、歌唱家的形体也要放松，主持人也是松心、松身上台，否则将令观众不悦。竞技体育、各种球类的教练要求运动员心理和身体在场上要放松。在世界杯赛场上，足球运动员传球、运球，甚至临门一脚，也要心态平和，心理放松。松功表现在脚上，周身和脚上处于放松的状态，临门一脚才有劲，才不会射偏。

松功不是太极拳的专利，平时生活中人们都注意运用松功艺术处理知识，以及人际关系。学生入考场应考，师长们以"放松"二字鼓励学生考出好成绩。当然，一般人的放松概念与太极拳松功有质的不同。

一、先贤松静观

中华民族有五千年的文明史，历代哲人、文学家，在不同的场所都有松的论述，汇集成宏大的松功学说。

我们民族的先贤，谈松论柔的玄妙之语惊世警人。老子说到松柔，"致虚极，守静笃""骨弱筋柔""天下莫柔弱于水""柔弱处上""柔之胜刚""无有入无间"等等。

静神。养心莫善于寡欲。　　　　　　　　　　　《孟子》
动静。静者养动之根，动者所以行其静。　　　《朱子语类》
内以养己，安静虚无。　　　　　　　　　　　《周易参同契》
静者善之本，虚者静之本。　　　　　　　　　《张载集》
大道全凭静中得。　　　　　　　　　　　　　《金丹真传》
身心玄妙，此内清静也。

养寿之道，清静明了，四字最好。内觉身心空，外觉万物空，破诸妄相，无可抵著，是曰清静明了。

斋戒沐浴，此外清静也；息心玄妙，此内清静也。

　　　　　　　　　　　　　　　　　　　　　　《遵生八笺》
大道以虚静为本。　　　　　　　　　　　　　《丹经》
恬淡虚无，真气从之。　　　　　　　　　　　《素问·上古天真论》
心静可通神明。　　　　　　　　　　　　　　《养生名言》
虚极又虚，静之又静。　　　　　　　　　　　《炼虚歌》
心虚而神一。　　　　　　　　　　　　　　　《阴符经》
心和则气和，心正则气正。　　　　　　　　　《宋·张载》
淡然无为，神气自满。　　　　　　　　　　　《千金翼方》

打开中华民族文化遗产宝库，关于松柔的经典熠熠生辉，令子孙后辈目不暇接。这些松之宏论使我们茅塞顿开，得到先贤赐予我们宝贵的精神财富。中华民族的松柔学说为人类文明享用，以开发人类智慧，以增强人类体质，以提高人类品德，抵制邪恶，增进人类和平、平等，和睦人类大家庭。虽然各行各业、各门类的文化艺术，都须有放松的心态，放松的肢体。总之，放松可以操胜券解大难。但是，惟有太极拳人特别看重松柔，对松柔的认识和理解与众不同。所以在踏入拳场的第一天起，便认真地不厌其烦地隐于不被人注意的角落，没有鲜花和掌声，没有门庭若市，而是甘于寂寞，枯燥单调，反反复复重复着同一个动作，刻意去修炼。从训练便可以看出，太极拳人对待松柔的心态更为神圣，更为坚定不移，将松柔作为拳魂，向"全体透空"的最高境界艰苦修行。

追求习练博大精深的太极拳学，是一种审美体验，在高品味的体验中，常练常新是一种精神享受。将自身融入大自然，将自身融入天地宇宙的阴阳变化之中，也就不会有寂寞、单调之感。而且是松在其中，虚在其中，玄在其中，空在其中。

可见，松柔功夫是太极拳人追求的没有终极的空无世界。拳家去体验太极拳返朴归真，融入在大自然中的空灵、离虚之奥妙。掌握松柔功夫，您将会有一种新的感觉，您的大脑变得比以往更为聪颖，身上反应出一种健康的、不知疲倦的、过去从未有过的、用之不尽取之不竭的潜在能量，那时您将牢牢把握自己的生命运动。这是最具特征的太极拳之特性。在评论太极拳师的时候，松柔当为首要之条件与标准。对太极拳松柔功夫高深者的评价，往往以某拳师松得好，"摸不着东西"，肯定他身上松空的纯度高，给以褒奖。这"东西"是什么呢？是拳家身上的松柔、松沉，是化解，是以柔克刚，也是空松、空无的代名词。凡立志修炼太极拳者，修炼松柔功夫是主修课。拳论警示后人"斯技旁门甚多"，我们在修炼的道路上，不能遇门便入，须要观察一二，以免误入旁门。

先贤哲人极为重视动静，张载认为宇宙的基本特性是"运动和静止", 王弼主张以"静为本, 静是动之本, 动起于静"。王宗岳则认为"太极者无极而生", 周敦颐论述动静, "静极复动, 一动一静, 互为其根"。清末民初的太极拳大师陈鑫先生, 对太极拳的松静理论有卓越的贡献。如何修炼松静功理功法, 他要求松功修炼者, "心主于敬, 又主于静。能敬能静, 自葆虚灵。"无松、无敬、无静根本难言虚灵。我们的老祖宗在哲学领域里, 为我们研习太极松静功夫, 在理论上点燃一盏明灯, 照亮前方的道路。我们再也不会磕磕绊绊, 拐拐弯弯, 可以笔直前行, 到达成功的彼岸。这是古典哲学家松静观对现代人的启示。

二、学习《授秘歌》

吴图南师考证, 《授秘歌》的作者为唐代李道子。大师在《国术概论》中写道: "李道子者, 江南安庆人也。尝居武当山南岩宫, 不火食, 第啖麦麸数合而已。时人称夫子李云。"

"所传太极拳, 名先天拳, 亦名长拳。有俞氏者, 江南宁国府泾县人也。得先师真传, 世世相承, 未尝中断, 如宋之俞清慧、俞一诚, 明之俞莲舟等, 其最著者也。其锻炼主旨, 在尽性立命, 而进功之阶, 始于无形无象, 继之全身透空, 终于应物自然, 名为先天, 洵非虚语。盖已失传久矣。"

后人对《授秘歌》的诠释或称白话释解, 比原歌更为通俗易懂, 更接近不同文化程度层次的习练者。唐代至今一千五百多年, 李道子的《授秘歌》原文承传下来是否是原句, 八句歌诀是如何排列难以考证。现在的流行版本是依《中华武术文库古籍部》编纂的《太极拳谱》为标准本。

授秘歌

> 无形无象，全体透空。
> 应物自然，西山悬磬。
> 虎吼猿鸣，水清河静。
> 翻江播海，尽性立命。

此歌《万本》《炎书》《于本》曾转辑，有白话本，通俗释为：

> 忘其有己，内外如一。
> 随心所欲，海阔天空。
> 锻炼阴精，心死神活。
> 气血流动，神充气足。

如果我们将《授秘歌》打乱前后排列，不同拳龄对拳艺有不同悟性的朋友，对歌之内容和内涵有不同的理解。笔者试着诠释歌之内涵，以抛砖引玉。

无形无象——有拳家解释为气，不全面。这里指的是太极拳修炼者"由着熟而渐悟懂劲，由懂劲而阶及神明"的"神明"境界。修炼人在盘拳过程中，在前进的路线上会遇到障碍或阻力。修炼者已经修炼到"无形无象"的境界，任何障碍也阻挡不住按套路路线运行，障碍和阻力无效。无形无象是指拳家的功夫上乘，周身上下内外双修，心、神、意、气达到安舒，安静，外示干净。无形无象者全体透空，外来进攻，一切外力释放不出来。凡接触到对方力点的部位，都使对方身上、腰上，脚下站立不稳。

躯体真正是"忘其有己"已经达到其小无内、全体透空的境界。对有无形无象上乘松功的拳家，一切进攻，一切大力、小力、拙力，在他身上是进不去的，有摸空、脚下生轴、站立不稳的无奈。

应物自然——前辈大师告诉后来学子，在太极技击运用中，没有固定法则，不动为静，静中制动，动便是法。左右上下、前进后退由进者决定，守者静中制动，对方动，我静，动静之机，阴阳之母，随心所欲运用自如立于不败。这一切要有太极拳综合功力——内功。身上有了内功，就有"应物自然""随心所欲"之境界。

太极拳博大精深，心、神、意、气，"海阔天空"，其大无外。这是太极高手松功到"全体透空"的神明境界。

锻炼阴精——太极拳讲究阴阳平衡、上下相随、内外双修，"虎吼猿鸣"是对的，太极拳修炼也是有声放出。清代武谱有《打手撒放》，发劲时同时发声，"掤、业、噫、咳、呼、吭、呵、哈"。还有歌，诸如"打手歌""功用歌""无极歌""太极歌"等等，清代的歌诀不是说，而是唱的，或是叹的。

民国时军阀欧阳将军的儿子是太极拳爱好者。他告诉我，他先父聘请杨澄甫大师为拳师，住在他家中，教他父亲欧阳将军练拳。大师单独一人练拳时，发出"噫、咳……"的声音，震得室内嗡嗡作响，在院内都听得见。可见虎吼猿鸣之声并非讹传。

气血流动——说明练太极拳动静相兼，内外双修，一动无有不动，外动内静，内动外静；慢练太极拳，外静，而内动，不是小动而是大动，似翻江播海。

人们常说太极拳保健、养生，什么消化系统、血液循环系统、中枢神经系统、呼吸系统以及骨骼肌肉、开发潜能都是有益的。唐代人提到人类养生，五脏六腑翻江播海，水清河静是科学的养生理论。人们习练太极拳是慢动作进行操练，练拳以松、柔、圆、缓行功，为气道、血道、经络通畅创造了条件。如果循规蹈矩练太极拳，有可能多开通若干支微细血管，人的健康得到益处，开发潜能也是可能的。如果多开通几支微细血管，延年益寿是肯定的。这就是"翻江播海""气血流动"在身上起到的应有效应。

《授秘歌》的最后一句"尽性立命"，通俗释为"神气充足"仍然难以通俗。太极拳人从拳理拳法诠释，结合拳艺实践，以"内外双修"解，通俗贴切也易于理解。不同文化层次，不同文化修养的太极拳习练者大多能明其理，施艺于身。

性——可称内修心、神、意、气的静，提高道德水准，尊师重教，不以拳为商品，与世无争，与人无争，清心静养，节制贪欲，以免劳神精血。

命——外示安舒，每日操拳活动筋骨，强健体魄，强种卫国。三丰祖师明示："欲天下豪杰延年益寿，不徒作技艺之末。"

一句话，练太极拳强身、健体、祛病、延年，修身养性，提高社会公德，修养品质、静养心志。

《授秘歌》收在中华武术文库《太极拳谱》一书中，这册书为宋书铭传抄。另一佐证为20世纪30年代太极大师吴图南收在他的《国术概论》"太极史略"一节中的"李道子传"。两种考证均为权威出处，但后者将太极拳和太极拳理上推至一千五百年的南北朝，告诉我们太极拳不是近二百年清代发展起来的。

中华民族五千年的文明史，唐代是文学、书法的盛世。李道子的《授秘歌》为四言八句，其潇洒自如的艺术风格，为盛唐时期增添艳丽的色彩。在《太极拳谱》中，四言拳诀多见，字简意绝，为拳艺之大家风范。

我们后人学习和释论前人的文化遗产，应该以大道至简为本。因为广大习练者多为太极拳业余爱好者，工余早晚抽时间习练，没有太多时间研习拳理。拳理研究的案头工作是理论工作者分内之事，然后以简洁的笔触、明白的说理，帮助广大太极拳爱好者，逐步深入明析拳理与练拳实际相结合，提高拳艺以健体强身为社会主义现代化建设出力。

理论研究勿云山雾罩，那是歧途。勿将自己弄不明白的东西强加于人，难以评定的虚玄之学也不要拿来难为他人。20世纪80年代笔者去武当山求学，见一中年道士，上前晋礼求教，"炼精化气，炼气化神，炼神还虚"何解。道士不理，后他教导我说："你练你的太极拳，炼精、炼气不是凡人能领悟到的。"后来又请教一位僧人，他听我的问话，大笑不止，说："化神、化气是貌似高深吓唬你的，谁说的请他去化，他也化不了。"

当今社会经济、信息高速发展，在群众性体育活动中，笔者教授太极拳或是理论传播，以对方能接受为标准，一句话能说清楚的绝对不多说半句，使对方易懂、易学、易操作。重要拳理拳法，把握通俗，还要反反复复说明白，以对方真弄明白可以独立操作方可。

太极松功以人作载体，因为人体是太极之体，易于接受太极功夫的进入。当然，人要为太极功夫上身提供方便的条件。此条件并不难，盘拳修炼，周身上下内外双修，不僵、不紧、不拙，太极功夫自然上身。

不僵——僵是指周身上下肢体、肌肉僵硬。大家都见过人的尸体，十分僵硬强直，与太极拳的松柔、轻灵，用意不用力，松肩垂肘，空腰松胯，自然练拳成为鲜明对比。太极拳的行功规律，是在阴阳变化中的松柔动态下运行，僵练者拳中没有自然。自然是拳之法则，无自然还有太极拳吗？修炼太极拳，要求自然，道法自然；体僵，什么都没有了。

不紧——僵和紧是违规操练的一对双胞胎，凡练拳者，有僵便有紧，僵紧难以分离，分离开还是僵，拳中仍然紧。紧在何处？在关节。太极拳规范，周身九大关节都应——松开，不但脚、踝、膝、胯、腰、肩、肘、腕、手九大关节要松开，手指 14 个小关节也应——松开，左右手 28 个小关节和脚下的左右 26 个小趾关节也应放松，定要——松开。

对太极拳的体能要求是：关节要松，皮毛要攻，节节贯串，虚灵在中。僵紧与关节要松，节节贯串差之极远。有一位修炼者说，百人习练，过二年留下 5 人坚持练就不错了。一位拳家说，功成者万里有一。有没有道理先不去作结论，习拳者能修到不僵不紧者也不是短期见实效的。当今生活节奏快，"太极十年不出门"已落伍，十年修道，不僵、不紧、不拙者已属不易。

深研太极拳者应该执著地去追求。

不拙——不用拙力。修炼太极拳以自然为好，不要刻意去练。太极拳家王培生先生说过："有形有象皆为假，无形无象方为真。"太极拳是文化，是艺术，是审美，是自然修道。不是刻板练，如此难以克服拙力。修炼把握自然轻灵，太极功夫自然上身。

太极拳的灵魂是松。是松柔、松空、松无，是周身不挂力，周身上下内外通畅清静，净得肌肉骨骼的夹缝里都不留一丝一点的力。一个空松阴阳之体，一个阴不离阳、阳不离阴的阴阳相济之体，练太极拳到一定的境界，你是一个太极之体的空松人。

笔者将功成的状态公诸于世，循太极拳规律修炼可以到达彼岸。京城太极拳家汪永泉大师曾对我说过："国家派十位青年，用他的教案，由他亲自传授，可以在三年内培养出有太极功夫的人才。"太极拳是科学，在短期内可以拿下内功。但有人不信，因为练太极拳的人随意性大，还没有形成一个研习太极松功的氛围，久而久之，太极松功成为了演义。再说松功正史，大家听着耳生，没有人会相信。所以大家看到的用力的多，本力加着法的多，看多了，看习惯了，也就见怪不怪了。这也是太极拳发展史上的憾事。

三、松静拳之魂

我们太极拳习练者特别看重松静功夫，将松静奉为拳之魂，老子说，"致虚极，守静笃"。拳里无松无静，不如不练，或者去练体操。

太极拳的松，从外形看到的，习练者处于松柔状态。举动很轻灵，每个动作走弧形线，以松、柔、圆、缓、轻行功，将有棱有角的八门五步十三势，东、南、西、北、东南、东北、西南、西北的拳套路走圆活，看上去没有棱角，而是圆，是圆环套圆环，似一个球体在滚动。拳架盘到这个火候是很不易的，要付出极大的努力。

太极拳的静，指习练者心神意气的安静。古代哲人告诫我们，"心静可以通神明""虚极又虚，静之又静"，静是修大道。太极拳讲究内外双修，内修神舒体静，外示安舒，没有内的静，难以外示松柔状态。说到根本，是从拳中得到松柔内功，在练拳中渐渐退去本力，内功在退去本力的过程中上身。

心、神、意、气的静是内修的根本，方可修炼周身的松、空、无。

松

太极拳属于武术，又异于武术诸拳种的拳法。不同之处，给学员讲第一课便讲授松功。要求学员初入拳场，要知松、放松、练松。太极拳的松功课不是老师主观规定，而是太极拳学所独有的特性，是拳理所决定的将松功列为必修课。

太极拳拳理源于老子的空无之道。老子对一切事物都认为有虚有实，而虚松的威力最大，他提到"无有入无间，柔弱胜刚强"。又说："无状之状，无物之象是谓惚恍。恍兮惚兮其中有象，恍兮惚兮其中有物。"我们盘拳时，不偏不倚，忽隐忽现，你站在中土位的中心点上，实脚正中为中土位的中心点。利用空间一遍拳练完，拳架子也搭建成功，以我们身体为中心，四面八方确实有一个看不见的拳架子存在。

太极拳大师吴图南在他的《松功论》中写道："凡练太极拳者，皆知松为太极拳之主要条件。松者，蓬松也。轻松也。"我们后来学子是幸运的，先贤拳家历经千百年的实践，代代传人从中总结积累了很多宝贵的经验提供给我们。可以说，我们是在无障碍、没有红灯的坦途路上练功，我们只要循规蹈矩，遵道而修即可功成。

如何去练松功呢？练太极拳要脱胎换骨，不是原来的你。周身上下所有的大小关节要松开，包括手指、脚趾的小关节也要松开，深层次修炼，还要达到节节贯串。肌肉也要放松，随意肌松弛随意，不随意肌不僵不紧。用太极拳家的说法，从汗毛深入到皮、肌肉、筋、骨，自表及里松到骨骼，再从骨、筋、肉、皮、毛层层松到皮上，这是阴松、阳松的互为修炼，求得"关节要松，皮毛要攻，节节贯串，虚灵在中"的体能。周身放松，汗毛在炎夏酷暑中能立起来，身上算放松了。此时遇劲力之手推、拉、拽、压、反关节，一般可以化解。被对方按、推在椅子上、床上，挤压在墙角，可以转危为安。当然，技击时达到周身自由动松，还有一段路要走。

周身放松后，太极拳拳艺水平将进入上乘的懂劲意境。

空

拳论云："由着熟而渐悟懂劲，由懂劲而阶及神明。"如果将松、空、无拳艺内功的三乘功夫比喻"着熟——懂劲——神明"，那么空是懂劲的功夫。这种比喻不一定恰当，但为了说明内功的实质，只好这般比喻。

有的拳家能松不能空，在修炼中还欠点火候，什么是空呢？内功的空，在拳法应用时，其理论基础是《十三势歌诀》中的"变转虚实须留意"。先贤告诫我们在势与势变转的时候要留意，留意阴阳变转瞬间的变动是空。刻意去练空难求，要在拳里去求。杨澄甫大师的长子振基先生曾说过一句精辟之言，他说："功夫是拳上练出来的。"历代太极拳大师都十分重视拳艺修炼，我们后来学子不能忽略练拳。笔者是学吴式太极拳的，从开山宗师全佑往下，吴鉴泉、王茂斋、杨禹廷诸位大师日复一日、年复一年，一招一势认真演练，打下扎扎实实的筑基功。学子们津津乐道提起老师，"挨上衣服便被飞身发打出去。"这是平时功夫的积累，是十年二十年三十年的苦修、苦练而得。太极拳学是实实在在的科学，动与动之间似钟表的表芯，一环扣一环，丝丝相扣，马虎不得，随意不得。动之则分，"一处有一处虚实，处处总此一虚实"。这个虚可以解释为空。双方放对，对方攻来，明明对方以手相接，但当双方接触的瞬间，看到对方的手还在，但摸空了。进攻时，呼气劲攻，当对方的手为空手时，扑空了危险在即。想逃，呼吸自然呼变吸，此时进攻者被发打出去，一败涂地。从接触——扑空——发放出去，仅在瞬间完成。歌诀："四梢空接手，接手点中走。"运用太极技击"有一没有二"，即出手见输赢的功法，完成了接打的过程。这是空的技艺，是无形无象妙手空空的艺术。

从拳上说，每一个拳势由若干动作组成。太极拳大师杨禹廷的83式拳架，每势均以单动（阴）双动（阳）组成。结构严谨、细腻，是出内功的上乘拳法，如果修炼者能遵照太极阴阳学说规范行功，空的内功并不难求。

无

王宗岳的《太极拳论》开篇点明主题："太极者，无极而生，阴阳之母，动静之机也。"无，是太极拳的本质。老子说："归复于无极。"老子的思想，无极应解释为终极真理，无极也是太极拳之真理，道家哲学一脉相承。

无，是什么也没有。修炼太极拳到上乘为无极。说明白点，修炼到神明境界。练拳、打拳到盘拳，身上感觉有太极拳的"味道"。此时是从周身四肢感觉有太极点的内功，周身肢体的松、空到无的境界，不再是整体和局部的运动。而周身活跃的是太极拳的细胞——点。当前高科技纳米技术被国人关注。纳米虽然是计量的最小单位，小到一根头发丝直径即为二三万纳米，但用高倍显微镜是可以看到的。太极拳的点，其小无内，用高倍显微镜是看不到的。为什么看不到？因为点是空无点，摸上去什么也没有，是无形无象之点。

从拳上解，阴动变阳动，瞬间虚中虚，也就是再阴一次；阳动变为阴动，瞬间实中实。细解开去，是在阳松的止点的当口再阳一次。在瞬间变动之时，在阴阳变动的空间，出现一个转瞬即逝的空无点。阴动的终点，是阳动的起点，阳动的终点是阴动的起点。意动神随可以解释为动点的运动规律，起止点间有一条弧线串联着，阴阳变转阴点隐阳点现，形成空无点。这个空无点，有听劲水平的拳家能听到。修炼到上乘阶段，空无点在身上自然有了感觉。推手、技击的运用更为奇妙。对方攻来，如推在胸部，瞬间接触点空了，什么也没有了。接触部分失去支点，脚下失去重心，只有被动挨打。

太极拳人几年、几十年如一日的修炼，求得的就是松、空、无内功，进而功成《授秘歌》的境界"无形无象，全体透空"。

第三节　太极门松功

谈到太极门松功，众说纷纭。一句话，神秘，玄妙，深奥难求。

所有太极拳深研者无不谈论松功，也都想得到松功。练拳三年两载，十年八年，甚至资深的练家毕生追求松功，可惜松功也没有上身。这就让太极松功罩上一层神秘的面纱。甚至有人认为前辈先贤太极大师的松功如何如何，是传说，是演义，似乎太极门根本就没有松功。有人半承认有松功，说松功是劲和巧的运用，这跟不承认松功也差不多，只是变个说法而已。

一、太极拳有松功吗

太极拳有松功吗？回答是肯定的。既然太极门有松功，怎么在各公园、体育场馆看不到像太极拳理论中或传说中的松柔功夫呢？在全国省市级的太极推手比赛中，君只见裁判的哨音一响，竞赛双方有多大力气全拿出来，直至一方将另一方推出得胜告终，完全看不见太极松柔功夫在推手中的运用，也看不到阴阳变化、举动轻灵、动分虚实、以意行功、不用劲力、安舒中正等特性在太极推手中的展现。

有一位宁波太极拳初学者，看了太极拳推手比赛后给笔者来信，信中说，如果太极拳是这样的，今后不再学练太极拳。如果太极拳仍在用力推手，令人汗颜。现在有更多的太极拳爱好者和太极拳深研者，其中有数量很多的年轻人，别以为人家是小学生，其实，人家对要学练的东西进行一番了解，认识、理解之后才去追求研究太极拳。上面提到的宁波的太极拳爱好者，认为太极拳不应该用力，如果用力就不练太极拳了，显示力量可以去练举重、打沙袋更刺激。人家要研习有极高文化品味的太极拳，太极拳要有自身的特点，用力当然不是人家追求的太极拳。

我们要以太极拳的特性去修炼，不练松功，也就没有内功。前不久有一位五十岁上下的壮汉来访，他来自某省会。自我介绍，他摔跤十五年，又练传统太极拳十五载，前后三十年，在当地摔跤、推手是第一把好手。我们在探讨拳艺的过程中要试试身手，笔者居室窄小，谁把谁打翻碰到桌子、书柜等硬家具上，易受伤害，不合适。改为互相听劲。请他做起式，起式动作是双脚平行站好，松右脚向右移动，变双重为右脚重心。就这么一个动作，他练了十五年，不止有千万次，当他向右移动身体，笔者轻推他的左胯，他站立不住向右倒去，重复几次他都站不住。笔者做同一动作，请他轻力推我，一推笔者同样站不住，向右倒去。笔者告诉他，这是用和他一样的拳法操作。笔者双脚平行站好以后，请他用力推。开始他可能客气，轻轻一推，没有问动。笔者请他用力推，推来推去问不动，自己反而脚下打晃，他不推了，请教此理。告诉他"这是太极松功"。

传说中太极拳大师们的松功确实存在，并非演义和传说。

有一次笔者在杨禹廷老拳师家中，他将左手手背朝上放在八仙桌上，令笔者按。笔者轻按，感觉头脑空白一片，直上蹦起一米多高。杨老拳师有一习惯，站立时手扶手杖，行路时将手杖横于身后，双手垂下握住手杖前行。我跟随他身后，到家门时，我在他身后想跟老爷子开个玩笑，突然从左侧夺取他的手杖。这一夺不要紧，我恍恍惚惚，被发打出去四米多远撞到他家的东墙，然后坐在地上。老拳师看看我，自个儿回家去了。这是松功文化神妙的一面，当知之或全知松功以后，知道松功是文化，是科学，是太极阳阴学说在技击中的反映。请注意荷叶，荷叶的表面是不渗水的，对水来讲无路可寻，滴水落到荷叶上，是实实在在的一滴水，荷叶不渗水，水珠在荷叶上浮着。有松功绝技的拳师，身体各个部位似荷叶，任何力按到具有松功的拳师身上，就像水滴落在荷叶上，浮在上面渗不下去，相反用力者的腰发板，脚飘浮，有一种无形的力在威慑着他。拳论有一句"彼之力方挨我皮毛，我之意已入彼骨里"。这便是内功。

二、对松功的认识

习拳明理非常重要。太极拳大师陈鑫在《学拳须知》经论中指出："学太极拳先学读书，书理明白，学拳自然容易。"先坐下来读书，从理论认识什么是太极松功。

练太极拳要求心神意气松、周身松、关节松、肢体松。太极拳与任何兄弟拳种不同，从学练第一步就要进入松柔功夫的训练。练拳和松柔功夫不能脱节，如果脱节，久而久之，动作僵滞，身上松不下来，回头再练松功难度很大，短期内很难奏效。

太极拳是内家拳，它具有与兄弟拳种不同的特性。它的特性要求凡练太极拳者，"一举动，周身俱要轻灵""用意，不是用力"。拳家应该具备周身松静的品格，首先要以自然的心态修炼太极拳，心神意气放松，周身大小关节松，周身松，肢体松。松是太极拳的灵魂，没有松就不是太极拳。松静是太极拳的特性，内静外松，外松内静，功法不同，松和静不得分离。"大道以虚静为本"，没有内静难得外松。"内固精神，外示安逸"，求得安舒中正。

太极拳大师杨禹廷认为，全身自然舒松，节节贯穿，头脑安静，神经不紧张。身心松静，自然舒展，松、柔、圆、缓，还要胸腹松净，周身血液流动畅通，神经末梢活跃，体肤感觉灵敏，练拳时身上不挂力。

得知松之要义后，明理的拳人应该循规蹈矩，一招一势按照太极阴阳学说和太极拳松柔之特性修炼。太极拳学拳起步就要从周身放松开始，举动轻灵，用意不用力，在练拳中要将身上、手上的拙力、本力慢慢退掉。武术门中各家各派的兄弟拳种跟太极拳有很大差异，各类外家拳拳术，他们训练学子从勇猛坚刚入手，讲究踢、打、摔、拿、击，较力、格斗、搏击，打出威风。但是，各类拳种到最上乘拳法，也将是阴阳相济，内外相合，修炼到用意不用力的境界，而最终归于松柔。内家拳和外家拳的心态不同，训练的拳法、拳艺不同，拳艺的质量和结果当然不同。但终极是周身松静，无形无象，全体透空，是不容质疑的。

没过松静关的朋友周身发紧，周身大小关节僵滞。他们身上缺少的就是松静——这些最为珍贵的东西。

在当今太极拳圈子里，不少练拳多年者，不能与人比手较技，遇对手全身紧张，肌骨僵硬，将太极拳的"轻灵""松柔"，以及阴阳变化的上乘拳法丢得一干二净，剩下的只有本力加招法了。正如老子所言："人之生也柔弱，其死也坚强。"活人变成僵骨死肉，能不败下阵来吗？这是什么原因？因其身上不具备松柔内功，周身大小关节没能松开，拳家仅练一套干巴巴的太极拳的套路，或者说不知松为何物。

太极拳好学难修，其意易解。学套拳一年半载，悟性好的三五个月，拳势大方，脚蹬得高，表演、比赛受好评，但松不下来，身上本力不退。太极拳属于武术，但练法别于武术。太极拳有它自身的特性和规律。以阴阳学说规范动作，拳法套路由不同方向的环形路线组成，一招一势循环形走弧线，动则分为虚实、阴阳。拳论要求"极柔软""周身轻灵"。不轻灵就违背了太极拳的理法，没有阴阳也不能算是太极拳。太极拳的根基在脚，故拳论云："其根在脚，形于手指。"其意告诉习拳者，太极拳的手是形，形于手指，就是手指不着力。脚为根，脚下阴阳变动，反映在手上，如果用树形容练拳的人，脚是树根，那么脚神经则为根系。随着年深日久功夫深厚，脚神经深深扎入地下，身子稳如树干，如果有人去推，相当稳固，像水泥柱桩，撼之不动。拳人已与大地融为一体。手呢？形于手指，手是不着力的树叶，很静，轻轻抚摸极为柔软。手上功夫不是孤立的，劲起于脚下，一动无有不动。周身关节不分大小都自然松开，且节节贯串。老辈拳家关节之间有"气"，手指的关节亦如此，此时周身处于浑圆松柔之无极状态。

如何提高拳者的松柔、松空功夫呢？从踏入拳场的第一步，在给学太极拳者讲第一节"明理"课和学练第一个拳势，应该像婴儿学语，幼儿学步一样，要准确，认真从规矩入手。在明理课中讲松柔为拳魂，拳势动作要轻灵，用意不要用力。

在今后的训练中，拳师要牢牢把握"轻灵""松柔"之关键，使学生从容走上修炼太极拳松柔的道路，要一点一点地退去身上的力，肌肉间以及骨缝中的力也不能存留。

三、太极大师的松空功夫

在京城太极拳发展史上，有多位大师在京城设武馆授拳，有很多脍炙人口的动人故事。我学吴式太极拳，只能介绍一些吴式拳大师们的功夫。

吴式太极拳开山鼻祖全佑（1834~1902），满族人，姓吴福氏。

全佑在清神机营当差，得太极神拳"杨无敌"杨露禅真传。后又拜露禅之子班侯为师，得杨氏父子之传授。将杨氏之功，加之自身所长，在京传播，名噪京城。传说班侯年少学功时也是不情愿，每天由父亲拿大棒子追着学练。年龄稍长之后，对太极拳有了深刻的认识，练就一身绝妙的太极功夫。周身松静得令人生畏。他教弟子时手下从不留情，举手投足将弟子发到数米或十数米之外，有的摔得爬不起来。有人由于怕挨打弃师而去。难怪吴图南大师说习练太极拳"要有脱胎换骨的毅力"，此言并非骇人听闻。有一位和班侯很好的拳友，跟班侯听劲，班侯一个"搬拦捶"，仅仅左手抬起，右捶在对方左肋上似打非打的动作，此人已经招架不住，肋骨像塞上了一个木橛子。班侯大师出手打伤打坏拳友以及弟子之事时有发生。

循中华武术传承的传统，班侯在北京将太极绝技传授给得意之徒全佑。全佑得到杨家真传。他开创了吴式太极拳，成为吴式太极拳的开山鼻祖。全佑将身上的太极拳绝技传授给儿子鉴泉和得意门徒王茂斋。

吴鉴泉（1870~1942）为吴式太极拳开山奠基人。在京传播太极拳小架，从学者众，全身空无到绝妙之处。多么强悍骁勇之士，在鉴泉面前难以出手，没有用"武"之地。传说，跟鉴泉大师学艺，双方四手相接，对方的五脏六腑在腹内翻腾，大喊："老师放手，受不了啦。"为什么吴鉴泉大师周身能空松得如此呢？鉴泉大师在京时，常被邀请到王公大臣府内授课。教当朝政要练拳，无疑是哄着大臣们玩，既要教他们练拳，提高他们的兴致，又要使他们能学到一些太极功夫，让这些养尊处优的王公贵族满足，不出现摔伤的危险，乐意交学费。鉴泉大师松松空空化掉他们的来力。日久天长，大臣们满足了，鉴泉大师的松柔、松空、松无功夫，在实践中有了很大的提高。

1928年，吴鉴泉赴沪教学，杨禹廷为鉴泉大师送行。在卧铺车上，鉴泉大师躺在铺上，令他从头到脚经后背往下摸。青年杨禹廷从上往下双手轻轻顺褥垫往下捋，令他吃惊的是，鉴泉大师身体浮悬起来。杨老拳师说吴鉴泉大师的周身松空得像个衣服架子，站在他面前，只要想摸对方，两只脚就没有了根基，飘浮、晃悠。杨禹廷赞叹道："如今松功这么好的人不好找了。"吴大师1933年在上海创建"鉴泉太极拳社"，将吴式太极拳传播到江南和海外，他的儿孙还在香港和东南亚诸国发展。鉴泉大师在上海的弟子很多，有沪人徐致一、蒙族人吴图南，两位弟子素有师父"两扇门"之誉。吴鉴泉之女吴英华得父真传，女婿马岳梁为嫡传。马岳梁在鉴泉大师的教化下周身松空一体，完整一气，推手技击，圆转松空。曾有一武术家来造访试手，向马老奋力强击，马老未动，此人已被打飞十米以外。

马岳梁老拳师 86 岁赴德国、荷兰两国访问，传播中华民族的传统文化太极拳。有德国武师比试高低，马老在武师肩上施按，他颓然倒地，将青年武师胸部一推腾空跌出。说明中华民族传统文化的深厚底蕴，以及太极拳之神奇。

全佑在京弟子中王茂斋令人瞩目，他与吴鉴泉齐名，素有"南吴北王"之赞誉。

王茂斋（1862~1940）山东掖县人。少时来京，在砖灰铺学徒，后经营此业。他尊师重教，功底扎实，空松自如，深得全佑大师之真传。与鉴泉师弟情义极深，在拳理认同上十分默契，深研太极拳艺，敢于突破前人，大胆改进教学，成为北方创业奠基的掌门人。吴鉴泉和杨澄甫南下在上海、江南各省发展。茂斋大师留京发展，名声大振，在京宗于吴式太极拳者皆为其传人。王老师为人忠厚老诚，热心助人，凡南来北往路经北京的名士，多去拜访交流拳艺，互相切磋。有从学者，也毫无保留，如腰中缺少盘缠，尽在大师家中吃住。常有投学试功者，有一位到铺店来买筐，正当王茂斋在柜内支应，给他几个筐他都不满意，一定要架顶上的。王蹬凳拿下，往柜台一放，这位买家扶筐而入劲，王老师在瞬间松空后看他一眼，此人被飞身发放至门外跌于街上，此事在京城传为佳话。

王大师在京学生、弟子众多，其子王子英，弟子杨禹廷为佼佼者。

王子英松柔功夫极佳，较技无形无象，以意、气、神赢人。与人交手，对方有泰山压顶之惧，绝对不知力点在何处，达全身透空之境界。

传说，王子英全身松空之后，对方站在面前无法伸手，早已跌入他面前的松空的"坑"中。

杨禹廷（1887~1982）九岁习武。先后拜周相臣、赵月山、田风云、高克兴等诸位名师学艺。他精于回汉两门弹腿、少林拳、黑虎拳、形意拳、八卦掌及剑、刀、棍、戟、镗等器械。自拜王茂斋为师入门学练太极拳以后，专心一意习练，用功良苦，发奋图强技艺精湛。达到全身透空，无形无象出神入化之境界。

杨老师在京城素有松空艺术大师之美誉，可见其已进入太极拳静心、净体之佳境。他坐在老式木质太师椅上，你不去碰他，他像一位普通的老人，没有一点特殊的样子。你用神去看他，他像一个人影儿，或是像一个衣服架，挂着一件衣服。如果想去推他或打他，脚底下便有十分奇妙的变化，感到无根发飘，眼前似有一个无底大深洞。笔者有幸在禹廷大师门下学艺，得到老拳师的点拨，也幸运地能触摸到老拳师身上松柔松空、全身透空的"味道"。老拳师的身上，从脚到腰，从腹到手，从背到顶，周身上下，听劲遍全身。摸触的地方面积大，大空洞，面积小，小空洞，太极拳松空艺术叹为观止。听劲遍全身，摸到哪儿哪儿空，什么也摸不着，就是圈里人常说的"摸不着东西"，老人家已成为空无之体。一只手扶他的手，两手相接，在他脚下左、中、右便出现三个无底大深坑，使你有脚站坑沿，欲跌入坑内之惧，不敢越雷池半步，感觉到头重脚轻失去重心，胸中憋闷，呼吸困难。他的胸是一个大深洞，他的腹也是一个摸上无底的深洞，小腹空空的；腰更为玄妙，手放上去听劲（或掌或拳均可）一个窄洞，似磁石一样，从手到脚吸你，手便难以活动，如果想抽手逃去，小深洞变成极大，大而超过腰围成为大深洞，从洞中出来一股难以抗拒的力量。

松功在杨老拳师身上沾连粘随，反应更为绝妙。他坐着不动，你去轻扶他的衣服，也仅仅是扶衣服，无法深入到肌肉和筋骨。扶老拳师的皮肤和汗毛？身体已经失重，感觉被沾住，六神无主，胸中"闹心"憋闷。他让你扶上身，扶肩没底，两肩突然松沉下去，似乎吓一大跳。如果老拳师不松双肩，他从肩到脚一米多高，似扶着一张薄薄的纸。

我们在他身上听劲，试着体验松功。掌扶，便有掌大的极松极空、什么也摸不着的空松区域。用力或是想用力按，这块掌大面积立即变得坚刚无比。用拳压在任何部位，拳面的接触面，从你而松柔，用力打则坚刚；用手指轻按和实按，同样在接触点上有空松坚刚之感。更值得我们学习和研究的是，无论我们用力猛打，还是轻轻按扶，老拳师的表情平和，在接触点有同样的沾粘之感。

通过向老拳师学练和体验松柔功夫在进攻者身上的反应，说到实质，是太极拳在瞬间从里及表，心神意气以及肢体上的阴阳变化的反应。如果立志走进太极之门，欲在博大精深的太极拳学中进行学习和研究，不得不在松功学上下一番苦工夫，这要有坚毅的恒心，要有百折不回的精神，而这种百折不挠的精神不是海底捞月，不是在两军阵前冲杀，不是在世界大赛中搏斗，而是循拳理拳法，心神安静，一遍一遍练拳，在阴阳变化中漫游，将血肉之躯练空、练松，练成无形无象的全身透空之体。总之一句话，你习练太极拳吗？一定按照太极拳的规律习练太极拳。简单说，要按照太极拳的特性习练。太极拳属于武术，有武术的共性，因为太极拳的理论源于老庄哲学，所以他有自己的特性，不了解太极拳之特性，下多大的工夫也是盲练。

什么是太极拳之特性呢？其一，拳论云："太极者，无极而生，阴阳之母也，动静之机也。"练拳中每一个动势，都要有阴阳，动之则分清阴阳，没有阴阳也就没有太极拳。阴阳亦称虚实，"一处有一处虚实，处处总此一虚实"。其二，拳论教导："一举动，周身俱要轻灵。"练拳的每一个动作均应轻灵，"道法自然"。不轻灵，用拙力，是违规操作，练几十年也白练。其三，拳论明白告诫后来学子曰："须向不丢不顶中讨消息，全是用意，不是用劲。""用意不用力"是太极拳的基本法则，用力你还是去练金刚拳。太极拳是虚实变转，举动轻灵，用意不用力。练拳按此规律行动，没有不成功的。

吴图南（1884~1989），蒙族人，姓拉汗，名乌拉布。吴图南大师精于骑射、轻功、摔跤以及各种兵器，明医理、通经络学，研究太极拳拳理拳法，著述颇丰，有《太极拳之研究》《国术概论》等太极拳理论专著问世。尚有《松功论》，老拳师健在时未能出版面世。

吴图南大师是多所大学的教授，是原北平故宫博物院的专门委员，在太极拳的研究上独具匠心。因为他通医学、经络学，在太极拳领域里造诣极深。《松功论》说："有人不解以为非松功也，殊不知不能上安能下？学者宜深切体会之，方自得也。"老拳师讲的是松之根本，领悟它的精髓，会从中获得教益，从此练拳，拳艺豁然贯通矣。

笔者从学吴老拳师是在 60 年代末，对太极拳理知之甚浅，又不懂在拳中修养阴阳变化。只要老拳师高兴，我便伸手往老拳师身上放力，不要说触到他身上，出手碰到他手指，脚下立即飘浮，只想抓根稻草逃跑。有一次掌按上他左胸，老爷子看看我，吃吃一笑，我已被发出四五米之外。还有一位受宠爱的徒孙，两手插入老拳师左右两个腋下，他立刻感到两只脚踝发软，根本就站立不住，几乎瘫软在地，吴老爷子轻捋美髯哈哈大笑。吴图南老师功夫极佳，摸在哪个部位，哪儿空，扶哪儿，哪里翻，一根羽毛之力也不让你往他身上放，可谓全身透空也。

四、认识太极拳

习练太极拳，修炼太极拳，追求松柔功夫，到最高境界松空、松无，无形无象，全体透空，这是太极拳修炼者一生的终极目标。

在修炼太极拳向深层次努力的时候，奉劝同道冷静下来，在粗读、细读先贤留下的经典理论的基础上，再精读拳理，习拳明理方可得道。京城太极拳松空艺术大师杨禹廷老拳师给学子授课，经常说的一句话是"打拳打个理"。这是至理明言，又是经验之谈。

1. 什么是太极拳

弄不明白什么是太极拳，练来练去，练了一套太极操，不知太极拳为何物。什么是太极拳呢？阴阳变化。宋人周敦颐《太极图说》云："无极而太极。太极动而生阳，动极而静；静而生阴，静极复动。一动一静，互为其根。"太极拳大师杨禹廷说："太极拳就是一开一合。"

太极拳习练者在习拳明理后，再去习练，跟不明理练拳大不一样。太极拳阴阳为母，动即阴阳，离开阴阳难以诠释太极拳。但是，阴阳难求，代代拳人都在苦苦求索，又困惑着多少太极拳人呢？时至今日，仍然有众多太极拳习练者不明阴阳，仍然以拙力强加在太极拳的拳架之中。

王宗岳说："阴不离阳，阳不离阴，阴阳相济。"人体科学由阴阳两大部分组成，人体经络六阴六阳有十四条经脉，手心手背分为阴阳两面。"天地为一大太极，人身为小太极。人身为太极之体。"没有阴阳人类也难以成形，大自然中阴阳无不存在，阴阳为母的太极拳更视阴阳为本源，动之分阴阳，互为其根，没有阴阳便没有太极拳。

上世纪的二三十年代，杨禹廷在北京教授太极拳，为了便于教学，他将吴式拳定型架，每势以阴阳动作编排，83 式分为 326 动，其中 163 动阴，163 动阳，阴阳平衡。以阴阳动教授太极拳，是一次重大的教学改革，也是一次伟大的创举。竖看历史，从孔子、老子、庄子，周敦颐、朱熹，中国的哲学影响着太极拳的发展。太极拳有了雏形，功不可没的人物属程灵洗、许宣平、李道子、张三丰、陈王廷、蒋发、陈长兴、杨露禅、全佑、武禹襄、吴鉴泉、杨禹廷等等，因为有了这些优秀的太极拳人，代代传承，太极拳才有了今天的完美和辉煌。王宗岳、武禹襄、陈鑫和吴图南，四位是太极拳学者，他们留下的太极拳著作颇丰，是光辉的典范，对太极拳的发展起到推波助澜的重要作用。

2. 太极拳是什么

太极拳是什么，让我们站高点，站在太极圈之外看太极拳。太极拳是文化，是艺术，太极拳是哲学，太极拳是医学，太极拳是美学。太极拳是人生的体验，体验自身的生命运动。太极拳是人生道德的完善。

不管是什么人，中国人还是外国人，提起太极拳，异国同声，太极拳是中华民族的传统文化，太极拳是中华民族文化宝库中灿烂的瑰宝。

原亚武联主席徐才同志认为，武术（当然包括太极拳）是"中国古典哲学、美学、中医学和养生学的渗入和孕育，使武术形成独树一帜的人体文化"。很多外国人欲了解中华民族五千年的文明史，了解中国文化是很困难的，但外国人中的太极拳爱好者认真学练太极拳，他们在一阴一阳的变动中，体验到东方文化的韵律，体验太极拳艺术，深入了解太极文化的精髓。

太极拳属于武术，如果单从"武"字上认识和接近它，恐难走近太极拳的本质，更不可能深入太极拳的品格。拳是武，武是打斗，是论胜负的。练太极拳讲打，论胜，文化艺术品位将丧失殆尽。太极拳是武术，但有它自己的特性，其一是"举动轻灵"，其二是"用意不用力"。轻灵、用意，是太极拳的文化品味，艺术审美，有人形容打拳行功如行云流水，是诗是画，甚是好看。此时的拳已经不是武士的勇猛刚烈，它表现的是文化形态，是一种文化精神，是太极文化艺术的展示。

人是太极拳的载体，从这一观念出发，练拳人对太极拳的认识，表现修炼者对拳理拳法的理解，仁者见仁，智者见智，他们的修为结果不同。文化层次高的朋友习练太极拳，他们对太极拳理有较深的理解。他们的视线是从文化艺术品味审视。他们对太极拳的功理功法理解准确，把握太极拳阴阳学说，习拳练功自然无形无象，以太极阴阳相济盘拳，体验松柔、松空、松无的动态运行，体验太极拳之文化艺术品位，以提升自身的品德。如果修炼者文化素质低下，得到太极拳之真谛就比较困难，作为载体，体内不净，很难进入别的什么。

初练太极拳者要有"载体"意识，先静体净身再去练拳，这是筑基功，不是多余的，可有可无的。一时静体净身有难度，不要急躁，慢慢会如愿。但你一定要有载体意识。载体似一张白纸，写什么画什么任你自由，写上太极拳，别的什么就写不上去了。

笔者在《太极解秘十三篇》一书中，强烈呼吁"太极呼唤学者"，云："从习练太极拳者的学历评估，当前大学以上学历的爱好太极拳者逐渐增加。一位美籍华人，他是太极拳的热心传播者，来京交流拳艺。他介绍，在美国收学生，不是大学学历者不收。理由十分明白，太极拳是聪明人练的拳，是高文化人练的拳。有一位舞蹈家到寒舍拜访，她在舞蹈领域功成名就，要深研太极拳，以体验太极文化艺术之审美，为舞蹈充电。我们太极拳修炼者应在理论修养上有所作为，吸引更多的学者参加到太极拳运动中来，太极拳呼唤学者。"

不是从文化艺术审美看待博大精深的太极拳，很难理解拳之真谛。最终什么松、空、无的拳理也听不进去，落入谈武论胜的尴尬境地。

太极拳其根在脚，松空是拳的灵魂。修为太极拳是退去本力，松柔、松空内功进入身体。下面两幅图说明松空的威力。

图1：作者坐姿，右前臂放在茶桌上，对方双手实按作者前臂，弓步，双手和双脚四个力点，双肩为两个支点，常人看为优势。

图2：从太极拳内功视角审视，对方犯主动出力之大忌，变成劣势。坐者以静制动，松虚周身，意识绕到对方身后，使对方双手双脚失重、按空，飞身而起。

图 1　　　　　　　　　　　　图 2

第四节　普及太极内功

　　普及太极内功，有人质疑，普及传统太极拳都难度很大，普及太极内功谈何容易。

　　其实，太极拳和太极内功并不是想像中的那么博，那么大，精的难以走进，深的不可测量，如此吓唬自己还能走近传统太极拳内功吗？承传传统太极拳不单是先辈的经验，而主要是继承他们的治学思想和教授方法。以笔者多年研习传统太极拳拳理拳法的体验，以减法修炼为大道，大道至简，修减法太极内功，是平和心态，也是文化和道德的修养。

一、减法太极内功

　　从多年研习传统太极拳的体验，欲修太极内功，减法内功为大道、正道。

　　先哲王宗岳在《太极拳论》中着重明示："一羽不能加……本是舍己从人。"一羽不能加和舍己从人都属于减法范畴，不加便是减，从人为减绝对不能加。太极拳大师杨禹廷对我教授最多的都是减法。他老人家问我："咱这拳有多少动？"我恭恭敬敬回答："83式326动。"老爷子举起左手，伸出食指和中指摆了摆，说："就是两个动作，一阴一阳。"全套拳326动减去324动，仅仅剩下两动。就这一阴一阳两个动作，我在杨老师的精心指导下，苦练了9年。9年两个动作，杨老爷子领着我进入太极之门。同时，读懂了杨禹廷，明白了太极拳。

减法太极内功修炼，说得通俗些就是无障碍练拳。什么是练拳中的障碍？诸如练拳时周身出力用劲，出力便无轻灵可言，有动意，想经络、想穴位，这一切一切都是障碍。要无障碍练拳，练拳时，什么也不想，越轻灵，越虚静越好。再通俗解析，小孩子吃冰棍，举着冰棍不咬，在嘴里含着，将冰咂成水咽下。练拳的过程，如咂咽冰棍水的过程。老子说"天下莫柔弱于水"。练拳是冰棍在慢慢化水的过程。减法修炼无障碍行功，退去本力，排除一切杂念，不要有动意，周身柔弱似水，内功上身，入门有路，此时尚不可言功成。大道以虚静为本，恬淡虚无，真气从之，水蒸发为气，太极内功可以称谓为无形无象，全体透空之大道也。

减法就是减力，习练太极拳的每个动作要把握减力，勿加力。杨禹廷老师说，练拳时周身不挂力，不挂力就是减力。理解了太极拳减法操作，动则减力，太极内功能不上身吗？

二、改变观念

深研传统太极拳，重要的是改变思维，改变观念。我在一篇文章中坦言："若想在太极拳领域中探求个深浅，用常人的思维去想，用常人的眼光审视，想上几十年，看上几十载，什么也想不深，什么也看不透。"在太极拳修炼中，太极拳人改变思维、改变观念、改变视角是十分重要的，否则将一事无成。

杨氏老谱云：人身为太极之体。头脑、眼睛也应该是太极头脑、太极眼睛，看事物亦应以太极的本质从表及里的观察。凡太极拳修炼者，均应以太极阴阳的视角观之。

修炼太极拳为什么要改变思维观念呢？太极拳修炼层次性极强，初中难以了解和明白高中的课程，当拳艺提升到高中的水平，对高中的课程自然明白。向初中生解释高中的学识，对初中生是无益的，听不明白弄不懂。太极拳修炼者每天习练太极拳，研究太极拳的拳理拳法，如仍以常人的头脑，一颗普通人的心，不能以阴阳变化看拳艺，一叶障目，只见树木，不见森林，如何深研？

为什么有人太极拳修炼有悖规律，墨守原有观念不放呢？笔者有几位同道，练太极拳半个世纪，但对太极拳的真谛悟得较浅，总也进不到较高的境界，周身僵硬，本力退不掉。究其因，思维观念不改变是重要原因，对太极拳的特性和本质认识不够，难以向前迈一步。迈一步"柳暗花明"，但就这一步，多年来也迈不出去。

太极拳人的思维观念的改变是十分重要的。总是在"力"和"招"里打转转，就走不出来。改变思维，改变观念，就是伟人邓小平说的"换脑筋"。你修炼太极拳，要将常人的头脑，换成太极拳的头脑，说话、看事情，都要按照太极拳的规律去举动，能不成功吗？以太极推手为例，对方的手进攻过来，一般练家均本能地以力手接住对方的进攻手。对方合适了，要怎么打你就怎么打你，你没有任何脾气，受人摆布，失去了自主权、反攻权，听命称臣，否则难以解困。太极拳的特性是用意不用力，是举动轻灵，你以力手接对方进攻之手，给人家当了拐棍，"率皆自为人制"，自讨苦吃。如果在接手时，你改变思维观念，以"四梢空接手"，情况将大大改观，对方的进攻当即停下来，该盘算着如何逃跑。他有逃跑的动意，是你反败为胜的时机，抓住瞬间即逝的"时机"，化中去打击对方，定操胜券。

仍然徘徊在原有观念的太极拳同道，坐下来读一读拳论、拳诀，读一点古典哲学。总结修炼过程中符合不符合太极拳的规律，改变思维观念，修正训练方法，没有不成功的。走出这一步是很难的，这是因为太极拳的博大精深。因为太极拳是修自身，不是练人家。没有这种认识，这种观念不改变，修炼的道路难以到达尽头。修炼太极拳的人，都说太极拳博大精深，这种理解定位在拳上。不对！刨根问底，还是在修炼者身上，要定位在自家身上。再举一例，太极起势被前辈拳师称为"母式"，深解其意，起势练准确了，一套拳也就通了。笔者跟随恩师杨禹廷习练起势一阴一阳两个动作九个年头，打下了很好的基础，悟到太极拳的真谛。但是很多同道，对起势的修炼，起步学练，急急忙忙将几十式的套路学会。其实，学练者不知，学得越快，走的弯路越大。

太极起势共4个动作，1、3动为阴，2、4动为阳。以1、2两动剖析，习练者无极式站好，1动，松左腿实右腿，由两脚双重，从左向右，左胯横移向右，成为右脚（腿）重心。2动，松右脚，向左移右胯，成为两脚双重。一阴一阳两个动作，左胯向右移，变转为右脚重心，然后右胯向左移，又还原为双重。如此操作，起势的一、二两个动作太简单了，学龄前班的儿童都会移动左右胯。这么简单的两个动作，一看就会，一说便明白，所以成千上万的人及世界各地的太极拳爱好者都在以左右胯横移重心练太极拳。这么简单的两个动作，笔者在杨老师的指导下，习练了九个年头八年整。骇人听闻吗？故弄玄虚吗？

不是，绝对不是！以常人的习惯，加太极拳"左顾右盼"的拳理，松左脚，重心从左向右移胯，双重变转为右腿重心。再左移胯，还原双重，这么简单的两个动作为什么要练八年呢？

一位资深的同道从西部来，相互切磋太极起势，对方推笔者左胯，劲力向右推，很困难，推不动。推他呢，轻轻一推，对方向右倒去。前不久从纽约来几位习练吴式太极拳的洋同道，在给她（他）们诠释太极拳起势时，他们的左胯不能碰，轻触即向右倒。为什么？归根到底还是没有改变思维观念。太极拳技艺是很严酷的，不管你练拳多少年，固有的观念不改变，仍然以常人的思维对待太极拳训练，只能是原地踏步，技艺难以向上提升。宗师王宗岳在拳论中写的"左重则左虚，右重则右杳"，左重，指习练者的左手、左脚、左胯，总之左边一侧受到威胁，或受重力来袭，受到攻击，以力还之，水来土囤么，这是常人的思维。以太极拳人的视角，对方重力攻来，攻何处何处轻，袭何部位何部位空，以杳、以空、以无对待之，通常所说的太极拳术语，称化、称走，绝不能以力来劲堵。

太极拳很注意意念，请注意意大是力、是滞。如果做起势，成年累月想着向右移动重心，当你向右移重心时，不用力推，轻碰即右跌，还有疑问吗？笔者习练起势，不是向右平移左胯，而是松左右脚，左脚一松到顶，再从顶松到右脚，完成了右腿重心的变转。对方从左向右推，左胯松空没有力点，是拳论说的"左重则左虚"，从脚上松到顶，对方向右推，便推不上力，已不受任何威胁，轻松完成太极起势的两个动作。

修炼太极拳的过程，是改变思维，改变观念，退去自身的本力，接受太极内功进身的过程。这是太极拳规律。

改变思维、改变观念、改变视角，这三改是修炼太极拳、深研太极拳学的先决条件。相反，仍以常人的思维及常人的观念，以一双普通人的眼睛看太极拳，想太极拳，如何修炼太极拳，何谈深研拳理呢？仍以普通人的双脚在拳场走来走去，再走几年，还是走来走去而已。修炼太极拳其根在脚，什么脚，太极脚，脚下双轻、自尔腾虚。说具体些，练拳时双脚平松落地，不是双脚踩地，十个脚趾要一个关节一个关节地放松。以这种感觉练拳是什么味道，品味出太极脚的味道之后，你的双脚再也不去踩地了，这是在脚下改变观念。

改变思维、改变视角之后，你将不再去练拳，视自己躯体是一个太极拳艺的载体，你将请太极拳练你。在练拳过程中渐渐退去本力，在身体内部，腾出更多本力的空间，请太极功进入，此时此刻你有了太极内功。手在盘拳修炼过程中，不要挂力退去手上之力。推手技击手不着力，你的内功境界要高出一般习练者。

在思维、观念、视角三改之后，再看再想太极拳，全然变了样，从主动练拳到被动行功完完全全不一样，修炼太极拳判若两人。前者练拳动意大，一切动作主动、妄动。"三改"之后，再练拳没有了动意，真正理解了杨氏老谱中的两句拳诀："太极不用手，手到不要走。""大动不如小动，小动不如不动。"两句拳诀触及太极拳的灵魂。

修炼太极拳，改变思维、改变观念、改变视角非常的重要。对进入太极拳的高境界，养生、延寿有很好的效果。

三、人体的反映

太极拳拳艺绝不是嘴上说的，也不是干巴巴的太极操，内功是遵循太极拳的规律，一个势，一个动作，一遍遍练拳，是常年累月功夫一分一秒的积累而得。是在阴阳变化行云流水的动态中，练中悟，悟中而得。太极名家的警语"太极功夫是拳上练出来的""拳打千遍其理自现""由着熟而渐悟懂劲，由懂劲而阶及神明"。太极内功是什么，看得见摸得着吗？太极内功实实在在存在于修炼者的身体之中，太极拳在人体中的表现为"身知""体悟"。太极拳是修炼中身体上明白的拳种，不单是理论、说教，要从周身体验中明白拳理、拳法，例如阳松周身汗毛竖立起来，轻抚有扎灼感。如果修炼者说到松时，汗毛仍然伏着竖不起来，此修炼者还是不明白太极拳。双肩在周身九大关节中是最后放松的大关节。对方以左右手紧攒前臂往上托是检验放松肩关节的最好方法，检验人托不起对方关节，而脚下打晃，则证实对方双肩已放松。如此，检验太极拳修炼者周身全体内外各个关节是否真正俱备内功，以推、压、托的方法是最佳的检验手段。

什么是太极内功呢？笔者在一篇题为"九松十要一虚灵"的论文中，提示周身的大关节从脚往上踝、膝、胯、腰、肩、肘、腕、手九大关节应该是空松状态，各关节间似乎有空隙相隔又相连，单独可以放松，又节节贯串。而手指和脚趾的小关节也应逐节放松。还有臀、裆、小腹、腹股沟、胸、背、胸窝、脖颈等部位都应按拳之规范——放松。太极拳的拳之母为阴阳变化，拳之魂是松、是空。太极拳拳理拳法要求习练者周身内外放松，必须松干净。所谓松干净，是周身上下所有大小关节、关节间、骨骼间、骨缝间、肌肉、肌肉间、肌骨间、随意肌和不随意肌之间，以及精气神、脏腑中的气道、血液循环通道、经络、消化、排泄系统的十二指肠、小肠、大肠等器官都应一一放松。太极拳要求的放松别于任何兄弟拳种要求的一般意义的放松。太极拳内功的放松是"大道以虚静为本"（丹经）的虚静的静松，是周身放松干净的净松，是"天下莫柔弱于水"的柔松，除此难以达到太极内功的松柔、松空的要求。

太极拳内涵丰富，核心就是内功，你把握了太极拳的内涵，也就是得到了太极内功。得到太极内功后，在盘拳修炼中体现太极拳丰富的内涵。诸如阴阳变转，举动轻灵，周身松空，动分虚实，虚实渐变，动静开合，弧线运行，空腰松胯，安舒中正，以意行功，根基在脚，脚虚松趾，没有脚踝，上下相随，手脚结合，不用劲力，立柱身形，内外三合，妙手虚空，空手轻扶，心脑不接，无意无力，勿有力点，虚静为本等等，有心法的也有功法的，但太极拳人内外双修均应具备以上综合功夫，缺一很难说自己已经把握了内功。

四、被动练拳

被动练拳，是提示习练者对太极拳认识和理解之后，被动行拳可称为最佳拳法。太极拳和修为太极内功是同步，太极功夫是拳里练出来的，修炼的同时，太极内功显现于身。

怎样修炼太极内功？练拳！怎样修炼太极拳呢？按太极拳的规律练拳。什么是太极拳的规律？规律是拳之特性，规律也可称谓为规范，说通俗些，是遵循太极拳的规律行拳。太极拳之特性，首先是王宗岳在《太极拳论》开篇讲授的太极拳的根本，"太极者，无极而生，阴阳之母，动静之机也"。只要你练太极拳，动则分为阴阳，"其根在脚"，在脚上分阴阳是第一位的。在杨氏老谱中，"天地为一大太极，人身为小太极"，将太极人定位为太极之体，你便摸到了太极拳的规律，周身应该无处不阴阳，阴阳之体是人类本来之面目。由于人的生存本能以及自卫好胜之心，特别是男性，动之用力，阴柔深深隐没于体内，阳刚显露，刚强在外，加之练武之人以刚武为要，于是越练越坚硬，难以含化，冰棍不融化，内功无法上身，太极拳技艺就是如此严酷。所以笔者认为减法内功、被动练拳是登堂入室的不二法门。

所谓被动练拳也是无障碍练拳。每天练太极拳，不要正正规规刻板地一招一势练拳。一个动作开始，在出手之前，先有动意，意念想到何部位，站好方向认认真真打拳。就是自己要练拳了，周身的肌肉开始一块一块僵紧，心神紧张，如此练拳不如练体操。松松、柔柔、轻轻、灵灵，周身内外放松，脚手一致，自自然然行动起来。习练者只有放松，什么也不想，周身关节放松。太极拳套路路线，在习练者周身前后左右上下渐渐清晰起来，以食指轻轻扶着拳套路弧形线盘拳，盘拳若是大汗淋漓，就是加法，要查一查，回到减法修炼中来。减法练拳，人体就是一台"空调机"，夏天肌表串凉气，冬季从里及表发热，微微渗汗，妙不可言。修炼太极拳祛病养生啊，健体强身啊，要得到什么什么功，都不是主要的，最为重要的是过程。在修炼的过程中，周身退去本力，周身大小关节逐节放松且节节贯串，五脏六腑及十四条正经通畅，气道、血液大小管道顺通，心、神、意、气松静，这一切一切都是减法修炼的结果。

请同道在实践中去体验，当然，把握尺寸，掌握运行中的度，靠个人灵性去积累经验。只要你在太极拳阴阳变动中减法行功，便是操作准确登堂入室，心与神通，神与道一，道法自然，得到太极内功只是时间的问题。

为了修炼太极内功，还要阐述一个对太极拳的认识和理解的关键。人类有自身的生活规律和运动轨迹，而太极拳有它的规律和运行轨迹。人和拳的规律是不相同的，人和拳的运行轨迹也难以融合在一起。我修炼太极拳多年，深深体验到练太极拳不应该以自身的生活规律和运动轨迹替代拳的规律和运动轨迹。所谓被动练拳，通俗解释为，练太极拳绝对不能以常人的观念看待冠以太极的拳，也不要以自身的生活规律和运动轨迹替代拳的规律和运行轨迹。要以平和的心态，放弃自身的生活规律和运动轨迹，举手投足，动分阴阳，举动轻灵，任何动作也不须用力，以符合拳的规律和运行轨迹。动作如行云流水，在阴阳变化中松柔动态运行，不要掺入主观的东西，一只羽毛也不要加入。

如此操作，久之，太极松功自会悄然上身。

第五节 修炼松功

太极拳的每个动作都是松功修炼，统称为在阴阳变化中的松柔、松空动态运行的内功修炼。练太极拳时，必须放松周身，心意完全放松之后，周身肢体方有可能放松。心松、神松、意松、气松是看不见的，"看不见"不等于没有，修炼者可以感觉到，可以体验到。先贤说"行气如九曲珠"。年轻时请教过几位资深的太极拳家，认为九曲珠是形容周身从脚到手、踝、膝、胯、腰、肩、肘、腕九大关节，为九颗珠，腰是承上启下中间一颗最大珠子，像佛珠一样九颗珠串起来，是整体一串又互相虚离，所谓节节贯串。笔者从不以九颗珠形容，因为加上"行气"二字，不好说清楚，只说从脚到手大关节要松。杨禹廷大师说"用脚呼吸"，可以称谓"行气"。功夫未修炼到"用脚呼吸"的境界，说也不明白。

练拳和修炼松功必须从脚下用功，从下往上练。这是千百年来代代先贤从实践体验中得来的经验，又是多少位先贤拳家付出一生得来的教训。武禹襄是武式太极拳创编人，他是太极拳道"身知""体悟"的大家，身后留下众多的拳诀等经典太极拳理论，大大丰富了中华民族武学文化宝库。

武禹襄向后学者提出一个重要的太极拳的拳理，他在《十三势行功心解》中指出，太极拳学的根本拳艺是脚，他写道："其根在脚，发于腿，主宰于腰，形于手指。由脚而腿而腰，总须完整一气，前进后退，乃能得机得势。有不得机得势处，身便散乱，其病必于腰腿求之。"这是经典，首先明白，太极拳功夫在脚下，必须练好太极脚功夫。

2000年秋，我到武当山脚下丹江市参加"武当拳功理功法研讨会"。一位福建籍拳家对传统太极拳执著追求，不满足练拳20年的功夫，又到辽宁深山老林求艺，封闭三年功成下山，曾在会上表演太极拳。这位练家说，他在山上三年，从上往下练，到踝下不去了，"再用五年时间，通到踝和脚"，这位练家很有信心地说。

这位练家说的是真话，但他对太极功夫深研不够。他的老师也许承上而学，尊师从上往下练，所以在踝关节卡住下不去。太极拳的根在脚下。武禹襄宗师说，"其根在脚，由脚而腿而腰"，这是拳之真理，拳之真谛。有悖拳理者，练功先施于手，其后从肩下到脚。笔者在多年的修炼中，深深体会到"其根在脚"是绝对不能相悖的。早在两千多年前，老子在《道德经》六十四章中传道："九层之台，起于累土，千里之行，始于足下。"

松功，也称谓为太极内功。内功从何处始练呢？脚！

一、脚

《太极拳论》云："其根在脚"，我们从脚开始修炼。在修炼之前，请先听听先贤大师吴图南、杨禹廷是如何在脚上下工夫的。

1. 太极大师谈脚的修炼

吴图南论足：

足在全体之最下部，为全身之根源。足动，则全身动，足停，则全身停。故练习国术者，应注意足之所在地，然后方能定攻守之计划。且步法敏捷，身法活泼，进退得体，攻守得当，因敌变化，以示神奇，皆在足之一举一动。语云："举足轻重"，即此义也。然则练习国术者，对于足之所在地，安可不加意研究者也。兹将足之练习法，详述如下：

足跟

人之身体，无论用何种步法，其足跟至少必有一个着地。倘两足跟同时离地，身体未有不前后倾斜者。即使身体虽向后仰，倘前足跟着地有力，则身体必不能后跌，以足跟维持重心之平衡也。左右亦然。足跟之于身体，其关系之重要有如此。至其应用之法，有以足跟勾敌者，有以足跟挂敌者，有以足跟踏敌者，有以足跟蹬敌者。要之，在练习者之善用之耳。

足掌

足掌在足之中间，为全身重量之所寄。且能转移重心，在足部占一重要地位。其运用之法，有以足掌踩敌者，有以足掌拦敌者，有以足掌蹬敌者，皆在练习者善用其法而已。

足趾

足趾因不常用之故，遂逐渐退化。然人每至行将滑倒之际，足趾亦显其功用，并能维持重心之平衡。至其运用之法，有勾、挂、耙、泼诸法。

按足之应用，有足掌落地、足跟翘起者。有足跟落地、足掌翘起者。有一足掌翘起、他一足全落地者。有一足起、一足落地者。故足之为用，以双足落地为宜。倘不至有机可乘之时，万不宜抬腿动足也。学者，须切记之！

吴图南大师对脚的理解、认识说得清楚明白。关于脚趾左右各 13 个大小关节要一一松开，为吴大师对笔者之秘传，并在这里公布于众。

杨禹廷大师关于脚的放松法，多年来多次告诫笔者："脚平松落地，不可踩地，脚与大地融为一体，周身不要挂力。"

练习太极拳要求周身大小关节、肌肉凡应放松都应尽量放松。两只脚，不论虚脚、实脚都不能使力。有的拳术要求"足背要弓""五趾抓地"，太极拳则要求实脚的五趾舒展，全部脚底平铺于地面，好像与大地融为一体。

重心稳定与否，绝大部分决定于身体是否中正。如果身体偏斜，重心自然不易稳定。练太极拳时，前进、后退的动作较多，那么弓步与坐步应如何掌握重心呢，其简要方法如下：

①从身体前方或从侧方看，要使鼻尖、膝尖和实脚的脚尖上下对正。膝尖不能超过足大趾的趾甲根。

②从身体侧方看，头顶、重心、脚心上下垂直对正。膝过趾为跪膝，久此受伤。

③从身体后方看，后脑、尾闾、脚跟上下相对。

脚为周身的踝、膝、胯、腰、肩、肘、腕、手九大关节之根基。经典著作中称脚为根，奠定脚在太极拳整体中的根基作用。太极拳人不可不重视脚的训练，不可不重视脚为根之地位。故习练太极拳必须有一双太极脚。

2. 太极脚的修炼

传统太极拳，多则可达一百余势的。但是一套拳中，仅有十几个拳，两种钩型，掌却多达几十种。几代拳人，多在掌与掌中间下工夫，在拳与拳中间变换、漫游。初练拳的人，一时找不到太极拳的感觉。就是练拳多年的人，也难以找到太极拳的奇妙之处。为什么？皆因没练"太极脚"。

"太极脚"说拳论上早有定论。太极拳的功夫从浅到深，"由着熟而渐悟懂劲，由懂劲而阶及神明"，但脚下的功夫是筑基功，不能忽视。练过多年拳的人，不能与人家较技，被对方手一扶，就力不从心，四肢僵硬，腰背死板。为什么?没有练"太极脚"。《十三势行功心解》中云："其根在脚"，只练拳、练掌而不练脚，只能说练了半截拳。拳论要求"形于手指"，您一味在拳、掌上练动作，出手拙笨，难以练好太极拳。

把练太极拳的人比做一棵大树是十分形象的。人的双腿和两脚的神经是扎在地下深深的根，躯体是大树之干，上肢是枝杈，手是树叶。你练拳之时，是往地下慢慢扎根的过程，功夫越大根基越深，手只是不着力的树叶——"形于手指"，如果你跟树叶较劲，用力去推它，你一定会扑空摔跌出去。悟到这一层浅显而深奥的拳理后，你绝不会去傻练半截拳。拳论云，"由脚而腿而腰，总须完整一气""上下相随人难进"。你在高明的拳师面前，绝对站立不稳，失去重心，因为你这半截拳，在"完整一气"面前当然要失败。

太极拳大师杨禹廷，早在20世纪20年代教拳时写过一个讲义，经王茂斋老师首肯，以此为教材进行教学活动。1961年在"讲义"的基础上又进行修改出版了《太极拳动作解说》一书，供学生学习之用。开篇第一章讲的就是太极拳十一种步型。为了便于学拳者更好的掌握太极拳技艺，后来又补充了几种步型，有正步、前进步、后退步、隔步、自然步、单行步、坐步、弓步、侧弓步、点步、虚丁步、一字步、歇步、八字步、外八字步、拗步、仆步、顺步等十多种步型。还有单脚着地的左右分脚、提膝转身蹬脚、打虎势的脚、金鸡独立的提腿和向后退步落脚，以及摆莲脚步等等"太极脚"。为了使学生按规矩练拳，将步法按照四正四隅方位设计一个准确的"八方线"，使学者有章可循。

杨禹廷大师为什么在教学讲义中把脚讲得如此详细呢？因为脚是根。在经典拳论中，对于脚的论述并不多，像"其根在脚""上下相随人难进"的"下"，"由脚而腿而腰""劲起于脚跟""蹬之于足"等等。关于脚的经典言之不多，但就我们所举之例是掷地千斤的金玉之言，说的都是太极拳之根本。其实在太极拳经典拳论中，每一句都与脚有关，如果无关紧要，也不会提到其根在"脚"。还有的拳论写到脚，像《太极刀诀》中"披身斜挂鸳鸯脚"，《太极枪法》里有"下刺脚面"之句，足以说明根之重要。

3. 脚下的尺寸

脚下的尺寸关系着身形的中正安舒，社会上有人练拳，脚下没有准确的方向，也没有按照太极拳拳理规范的位置用脚。这次练拳脚尖朝向西南，下次脚尖又向着正南，方向不清，方位不明，严重影响手的位置，谈何中正安舒，身形不正又怎么能做到轻灵圆活？

脚下的尺寸是十分严格的，坐步的实脚在中心点，尾闾坐在原足跟的位置，膝不过大趾趾甲根，鼻尖下对膝尖，是中正安舒，也就是足尖、膝尖、鼻尖的三尖相对。"抱七星"实手的拇指遥对鼻尖，拇指遥对鼻尖便于松肩，肘尖向下自然下垂，虚手在臂弯处，虚脚出在实脚的一侧1/8处。虚脚在实脚1/8一侧恰是30°，隔线出步45°，整套拳盘下来脚的步幅不变，保证了脚与顶的中轴线，这是科学的立柱式重心，即所谓的"上下一条线"，这样脚重心位置在变化中有严格的尺寸要求，以保证身形的中正安舒，这是吴式83式拳的特点。

4. 脚下的虚实变化

习拳的拳诀，"上下一条线，脚下阴阳变"。脚下阴阳变化是练好太极拳的重要拳法。脚下阴阳变化是看得见摸得着的动作，用心去体验，是可以掌握的。

①虚实渐变

太极拳脚下虚实变化是渐变，而不是突变。出步或并步，也分解成若干小动作。侧出脚从侧到正，如"起势"，先是大脚趾着地，过渡到二趾、中趾、四趾、小趾逐渐着地，再过渡到前脚掌、后脚跟，全脚平落在地上，这才算完成脚与脚之间的变化，也就是重心的变转。从此练法不难看出，太极拳的脚下功夫多重要。练功的过程，就是大树往地下深深扎根的过程，日久天长，太极脚的功夫自然上身，捷径是没有的。可惜有的拳友怕麻烦，不能承师所指，循规蹈矩，久而久之，丢了太极功夫，等到明白了，再回头去练，难!其实，太极拳就是一阴一阳的脚下功夫，阴阳变化一通百通。道理极为简单，"其根在脚"，是太极拳的根本。太极脚是太极拳最为朴素的学问，是学问就要认真、刻苦去练，"非用功之久，不能豁然贯通焉"。

在虚实变化过程中，是减加法，先减后加。如坐步变弓步，不是左右横向以腰胯变重心，这种动作影响脚、踝、膝、胯从下往上关节的放松，难以按照拳法从脚到胯的节节贯串。实脚变虚脚，先减后加。如实脚为10，虚脚为0，实脚逐渐从10减为0，次序是9、8、7、6、5、4、3、2、1，虚脚为0、1、2、3、4、5、6、7、8、9，最后虚脚变实为10，实脚变虚为0。实脚变虚脚只能减，这是阴阳变化的规律，不能以腰胯横移以实横向送虚，这种悖于阴阳变化的动作，脚下不易出功夫。

渐变式的虚实变化，贯彻整套拳的始终。日久，太极脚的功夫，积蓄到上乘，一想即是。

②阴阳变动

拳论要求练家要注意阴阳变化，拳论云："变转虚实须留意。""上下一条线，脚下阴阳变。"练拳、技击中的阴阳变化是在脚下。也许有人提出质疑，练拳时脚下来得及进行阴阳变化吗？技击中双方变化多端，恐没有时间再去用脚变化。这种疑问，可以理解，但在任何瞬息万变之中，太极拳的阴阳变化仍然在脚下，不可能在任何别的部位。因为你每天练拳，早已习惯脚下阴阳变动，习惯成为自然，无须再想用脚去变化阴阳。每天习练太极拳在松柔、开合、虚实、阴阳中训练自己的感觉，日久达到在任何非常状态下脚的阴阳变化运用自如。

有的练家投师学拳，老师没有讲脚下变动阴阳的课程，很难体会这一层道理，这也不能强求用脚去变化阴阳。习练太极拳，老师不讲阴阳变化，而太极拳拳理拳法讲得就是阴阳变化。拳论开宗明义，"太极者，无极而生，阴阳之母，动静之机也。"太极拳讲究阴阳，没有阴阳就不是太极拳，没有任何探讨的余地。因为太极拳的拳理源于老庄哲学，源于易经之阴阳变化，离开阴阳就没有了太极拳。

5. 太极功夫在脚下

太极拳讲究四法四功。四法：手、眼、身、步，四功：心、神、意、气。四法看得见，摸得着，四功看不见摸不着，但能感觉到，四法四功相辅相成为太极拳周身功夫，综合一体，不是孤立存在，但太极功夫的根基是四法的"步"，太极功夫在脚下，还要细说太极脚。

①双脚平松落地

有的练家讲究足背要弓，五趾抓地。"足背弓，五趾抓地"，有传功人的道理，这种功法也是承师而传。若从太极拳拳理论证，太极拳之特性，"一举动，周身俱要轻灵"，盘拳应做到轻灵圆活。作为太极拳根基的脚，如果足背弓，趾抓地，有悖于太极拳的轻灵，也动摇"其根在脚"、脚为太极拳之根的地位。

太极拳的特性是松柔，要求周身九大关节和肢体上的小关节也要松开。修炼到上乘功夫，全身要松柔透空，处于根基地位的脚首先要空松舒平。如果脚趾用力抓地，足背弓起来，脚很难以放松，结果是脚紧全身僵，周身滞。

吴式太极拳行功，头脑安静，神经不紧张，周身松净，轻灵圆活，周身上下无处不虚灵，盘拳松、柔、圆、轻、缓，内外双修，脚下功夫是足不弓，脚趾不抓地。脚平松落地，脚与大地融为一体。"融为一体"不是以力踩地，以脚蹬地，脚用力必然有反作用力，失去根基，人的肢体便失去稳固。脚平松落地，方可与大地融为一体，脚神经随着时间的推移，渐渐深入地下，根基十分稳固，脚越松，根基稳而越显牢固，功夫日渐增长，身体像一个铸入地下的水泥柱，撼之不动。

在拳套路中，有用前脚掌、后脚掌、脚趾行功的拳势，行功奥妙变化无穷，拳家不可不注意脚下的阴阳变化。

②松趾

脚趾有若干小关节也应——松开。趾关节的放松牵扯到周身的松柔，脚趾维持全身的稳固和平衡，脚趾松开在技击中是克敌制胜之关要。拳家不可忽视趾关节的放松，不可不研究脚趾之松功，不可不研究脚趾在较技、技击中的重要作用。

操作舒松脚趾并不难，双脚平松落地，脚趾自然舒松，无须刻意去放松十个脚趾。

③脚跟

脚跟与脚趾同样有维持身体稳固与平衡之作用。全脚平松落地，脚跟亦应放松，不可着力，在分脚、蹬脚动作中，脚跟起稳固重心、以脚制敌之作用。还有的拳家以脚跟勾、挂、耙、泼克敌。掌握松脚的拳艺之后，可做试验，两人互试，对方推你胯，你不要顾及推你之接触部位，两脚平松，心里不要想推你之部位，空松躯体、空脚，但心神意气要安静，将立于不败。有脚尖上扬之动作，脚尖上扬，脚跟不挂力、虚松着地、以虚腿虚净为要。

④脚掌

我们的脚由脚掌、脚后跟、脚趾组成。脚平松落地，脚跟、脚趾亦应同时放松，从足心到前脚掌尤为关键。如果站立脚松有难度，可坐可躺试验。松脚的过程中周身感觉极为舒服，脚松得似乎没有了，这种感觉就对了。

松脚必松脚趾、脚掌、脚跟，三者不可缺一。脚趾僵紧怎么可能周身放松呢？明此浅显道理之后，拳家对松全身先松根的追求将是首要的。拳家真正在脚下用功，一点力不挂，脚便有上浮之感，也就是我们苦苦追求的离虚，这是脚下根基放松之功成。如果仍然松不下来，可借一些松软的场地去找脚松的感觉。到草地上站，到五星级宾馆站在加厚地毯上。有人云："站上厚毯找脚松，脚下离虚入仙境。"

从太极拳综合功夫讲，松脚就是放松全身。拳论多处重复"其根在脚"之拳理，能松脚，周身便能灵活。是不是脚松，而踝、膝、胯、腰、肩、肘、腕、手八大关节可自然松柔了？不能这样讲。《十三势行功心解》云："虚实宜分清楚，一处有一处虚实，处处总此一虚实，周身节节贯串，勿令丝毫间断耳。"

天地为一大太极，人身为一小太极，人身为太极之体。太极功夫的综合功力，似一个圆环体，不可凸凹，不可断续。凸凹和断续使太极圆球体有了缺陷，破坏了阴阳平衡。脚松其他关节不松就是断续，就是缺陷，破坏自身的球体。从此理展开评述，太极拳的功夫在拳里，站桩和单操手，都不是从拳里出来的功夫，不是太极拳弧形线的功夫，没有圆活之感。

⑤太极脚下论毫厘

什么是太极脚？怎样修炼太极脚？太极功夫的根基是太极脚。有了太极脚观念方可提高认识和理解太极脚理论。

太极脚是综合功力，练拳先练脚是首先训练的课目。是不是修炼太极脚之后，太极功夫可以一通百通呢？不全是这样。练拳、技击，其根在脚，但脚与踝以上各大关节、躯干，都要协调一致紧密配合。脚下松通，在技击中固然占优势，但身手妄动，也不会收到阴阳变动之效果，这也需要练家用心去体悟。

王宗岳大师在《太极拳论》中写道："差之毫厘，谬以千里。"

"差之毫厘"，差在什么地方，在脚下。

早在20世纪20年代杨禹廷就察觉到，在太极拳基础训练中，如何防止脚下出现"病变"而影响整体拳艺的问题。于是他改革太极拳教学，创造了"八方线"教学法，以八方线培养学子正确地修炼太极拳，有效地把握脚下的方向、方位，控制脚下谬误的产生，培养了一批太极拳家和教练，解决了在太极拳训练中脚下出偏，学生在练拳中方向性、方位性易出现偏差的问题。

⑥步

太极拳训练讲究严谨、规范的基本功。先贤十分注意基本功的习练，不断总结不断提高，将太极拳的基本功法分为四功四法。四功：心、神、意、气；四法：手、眼、身、步。步是脚，大师们十分关注步的基本功。

"其根在脚，由脚而腿而腰。"脚是根本，脚是基础，脚是筑基功。脚下功夫是以套路的步法而显示的。凡初涉拳场者，开蒙第一课，老师讲的是脚的步法。杨禹廷的83式太极拳，在初始学拳时，老师第一课讲解太极拳的步。

练太极拳，躯体、四肢都要符合拳理、拳法的规范，应该具备太极体、太极手和太极脚。如何修炼脚呢？太极拳的功理、功法是松，修炼的终极是使身体上下四肢外示安舒，杨禹廷大师称为净，极净。太极拳是内外兼修，心神意气，五脏六腑要静，安静，极为安静。功理、功法的静和净，是《授秘歌》所云："无形无象，全体透空"，是太极拳人修炼到松、空、无的最高境界。

太极拳修炼，是从脚起始松，往上达于手的空松，进而上达于顶。"上下一条线，脚下阴阳变，头上虚灵顶，两手空虚转。"这是先贤提到的由脚而腿而腰，是从下往上松的理念的具体操作。脚下太极拳功夫是从套路的各种步型反复演练日积月累而成。什么是功夫？功夫是反复习练拳套路，一分一秒的积累，绝不是一朝一夕而可得。功夫是时间，用功时间长，功夫则深。太极功夫上身又不同于别的兄弟拳种，强调时间的同时，又特别重视拳理、拳法的规范。蛮练不可取，苦练不循规范也是盲练。拳法正确，封闭训练三年可成，业余六年左右也可以得到太极拳功夫。

太极拳名家杨禹廷是一位明师。他给学生上第一课，讲脚下的步法。他将83式拳按阴阳分解为326动，其中163个阴动，163个阳动，拳套路按阴阳分动后，脚下的基础功自然显现出来。首先他要求学练者两脚松平落地，不允许用力踩地。他的功法是立柱式身形，以防止脚下双重。脚下双重，是代代宗师所反对的。王宗岳在《太极拳论》中强调指出："双重则滞。每见数年纯功不能运化者，率皆自为人制，双重之病未悟耳。"杨禹廷大师的脚下功夫，是立柱式单腿重心。在行功练拳时，一个脚为实脚，一个脚为虚脚，实脚实足，虚脚要虚净。所谓实脚实足，是周身的重量以一只脚支撑，支撑脚（腿）为实脚，非支撑脚为虚脚，要求实脚实足，虚脚虚净，足尖上扬，足后跟虚着地而不允许挂力，以达到两脚实虚分明。开始习练很不习惯，日久功夫深了，脚下便自然虚灵，身体重量似乎没有了，太极脚功自然显现。左右脚哪只脚是实脚，哪只脚又是虚脚呢？在练拳操作中，以阴阳分动虚实明显，习练中自然能把握。关于左右腿立柱式身形单腿重心，杨澄甫认为："太极拳术，以分虚实为第一要义，如全身皆坐在右腿，则右腿为实，左腿为虚；全身坐在左腿，则左腿为实，右腿为虚。虚实能分，而后转动轻灵，毫不费力；如不能分，则迈步重滞，自立不稳，而易为人所牵动。"

虚实阴阳脚最为重要的功法，以左脚为例，阴脚行动时意念以大趾、二趾、中趾、无名趾、小趾外延到后脚跟，左虚脚变转为左实脚，意念以左后脚跟部从脚底往前舒展。这是脚下阴阳变转的最佳拳法，是杨禹廷大师一生经验的总结。

⑦再说步

武禹襄大师在《十三势行功心解》中"其根在脚"之阐述，说明脚的修炼在太极拳整体技艺中，分量很重很重。脚法又很简单，人类走路的走法，便是太极拳的步法。

人类出生一年前后便可以蹒跚而行，虽然走起路来晃晃悠悠，但是小孩的走路方法与成年人一样，以先减后加的方法完成左右脚互换重心的变转。走路时，右脚实，左脚完全松净以后迈出去，松净的左脚实实在在落地以后，再松右实脚，但不是突然松，而是逐渐松实脚。前左脚也渐渐由虚脚变成实脚，右脚完全转变为松净。此时左右两脚完成了重心的变转，右虚脚迈步向前再一次去完成左实右虚，变转为左虚右实的重心变化。

有的习武者只知闷头练拳，却从不去研究拳式结构，上动和下动的关系如何，上下动衔接的拳式结构和一个单动的结构有哪些相同和异同之处。太极拳的拳式结构是由阴动和阳动组成，阴动的起点是阳动的止点，阳动的起点是阴动的止点，互相依存，相互转化，"阴不离阳、阳不离阴，阴阳相济"。研究人走路的左右脚互换重心的结构，发现人类走路和拳的步法是一致的。

太极拳脚下虚实变化是渐变，绝对不是突变。出步或并步，也分解成若干小动作。侧出脚从侧到正，如起势，先是大脚趾着地，过渡到二趾、中趾、四趾、小趾逐渐着地，再过渡到前脚掌、后脚跟，全脚平落在地上，这才算完成脚与脚之间的变化，也就是重心的变转。脚的虚实变化过程是减加法，先减后加。如坐步变弓步，不是左右横向以腰胯变重心，这种动作影响脚、踝、膝、胯，从下往上关节的放松，难以按照拳法从脚到胯的节节贯串。实脚变虚脚，先减后加。不能以腰胯横移以实横向送虚，这种悖于阴阳变化的动作，脚下不易出功夫。脚的步法，上下相随，虚实变化自如。脚的虚实变化，没有显现的形态似乎不被人注意，再看看自己走路，是多么的一致。有人走路很自然，走的很美，很漂亮，很潇洒。但练拳时没有自然的步法了，迈出左脚便弓步，虚实重心的变化不是渐变而是突变，步幅开得大，看上去不和谐，不灵活，也缺少艺术审美。细究其因，忘记了老子说的"道法自然"，有悖自然规律，再努力也是盲练。凡在技艺领域里，一切活动都应在自然的状态下行功，太极拳更是如此。太极拳运动所有拳势动作都是被动行功，如果刻意在练拳，这个拳没啥好看，像描红模子刻板化。太极拳的脚是很重要的功法，"举动轻灵"。吴式太极拳的步法是很轻灵的，实脚松到顶，虚脚自然上步或退步，循套路路线行功，自然和谐上下相随，十分好看，完全没有人为的前进后退，看不到刻板动作。太极拳行功有个要求，胯以上、肩以下的躯干部位空松，似一个空杯，或是只灯笼。陈式太极拳大师陈长兴素有"牌位先生"之雅号，如果他行拳推手前仰后合主动、妄动，也不会得此尊称。

太极拳行拳，是阴阳变化中的动态运行艺术，拳的阴阳变转都在脚下，无须躯体协助，所以要求步法举动轻灵。如果步幅过大，下一势前或退，必须要先挪移躯体，此时大腿和身体要加力才可以变换重心，日久，肢体不能退去本力，关节定然僵紧。如此长期操作习练，难以达到上下相随的境界，周身也不易取得完整一气的功夫。一肩宽的自然步和一米宽的大步是两种不同结构的步法，前者自然灵活，变转重心时，先减后加，符合太极拳渐变的拳理，而大步幅重心变转是先加后减，向前弓步突变重心，身躯四肢同时动作加力，不自然，有悖拳理，照此下去关节僵紧，不利修炼和养生。

"其根在脚"是一条修炼太极拳的捷径，会走路就应该会练拳。因为脚下重心均为自然变转。开大步幅，弓膝过脚尖，陈照奎先生称为"跪膝"，日久也会受伤，实不可取。

二、踝

脚与踝相接，也叫踝子骨、脚腕子。松脚不松踝管道不通，影响周身放松，不能松贯到顶，不能节节贯串松到手指。松脚的同时，踝不着力，有热胀感，踝得到放松，脚为根基，平松向上，踝部松，节节贯串，周身松通。

如果踝关节僵硬不松，堵塞上行通道，影响周身放松。我们常见周围朋友走路不小心跌跤，主要原因是没有松踝致使崴脚。踝关节松则周身松的重要作用，拳家不得不察，不得不重视踝关节的放松训练。在脚平松落地后，意领扩踝即可放松。

踝是脚与膝中间的一个十分重要的关节，居上下联通的重要部位。

全身放松，踝的位置仅次于脚。脚下"双轻"，没有脚踝的放松，脚很难"双轻"。放松踝关节，盘拳飘飘欲仙，体验到十足的太极拳的"味道"。在太极拳圈子里，有人不明放松踝关节是松空周身之关要，往往忽视脚踝的松功训练。太极是阴阳相济，人体内外，某一块小的肌肤都蕴涵着阴阳，踝关节也不例外。盘拳、推手、技击活动在肩、肘、手的动作，是脚下阴阳变化的反映，踝关节起到十分重要的媒介作用。

要想在太极功夫上试个深浅，必须修一双太极脚，脚是根，也要修两个太极踝。

放松踝关节如何操作呢？若真心诚意去追求两踝放松，并不难。首先从拳理上认识和理解，放松脚踝是太极松功的必修课，踝关节必须放松，一定先要有这种认识。此理明白之后，你在练拳时，两只脚要轻轻落地，注意不可踩地，两踝千万不可用力。如果你如此操作，你会感到两踝有一种热胀感，你有此感觉，就已经操作准确无误了。

"太极功夫在拳外"，意思是练拳的时间有限，大多时间是生活、工作或在路上行走。每天靠一两个小时练功很难在内功上有大的突破，平时在生活中要随时注意内功的修炼。著名吴式太极拳家李经梧的技击功夫极高，他在学拳的朦胧状态时，回家探母，和母亲在磨房说话。牛推磨时，听人说话，它便停下来休息，磨不转了。李母令经梧打牛，经梧便拿起草料杈子，一只手扶在磨盘边上，牛见要挨打，突然用力拉磨前走，李经梧因手按扶磨盘边上，身体被磨盘的转动带着全身失势，踉跄跌出。这一跌，使他悟出拳论的太极中的奥秘，以后在推手、技击中自然化解对方来力，从而使发放随心所欲。其实在生活中有很多人生哲理合太极之理，如果注意观察，拳外的功夫唾手可得。

平时行动坐卧走，都要注意放松两踝。初始管住自己的两踝在任何时候也不要挂力，养成踝不用力的习惯，进而把握练拳时踝不挂力。在双方对练推手时踝不挂力，距离放松双踝的目标就不会太远了。

放松脚踝是推手、技击的必修之内功。左右双踝放松后，两脚也会自然放松，双踝放松，对方的来力很难进来，立于不败。

三、膝

膝是太极拳家特别关注的重要关节。膝之作用在拳术中应用也十分重要，它是大腿与小腿之间承上启下、阴阳变动之枢纽。

膝在拳套路里势势负重，各种步法缺膝难成。像坐步、弓步、马步、歇步等等，还有的拳势扭动双膝，长此下去膝关节不堪重负要出毛病。吴式太极拳对膝的训练要求弓步和坐步膝屈不过足大趾的大敦穴（趾甲根部），臀部尾闾"坐"在后脚跟。这个姿势很难做，要收腹股沟，形成脚、腹股沟、顶三点成一线。另一说是脚尖、膝尖、鼻尖成一线，两者不矛盾，正侧两条线功法相同。膝有上提之意，又不是刻意去提，以松脚自然提为准则，如此行功，膝不负重。有的拳家，弓、坐步时，膝部前凸一拳或半拳，靠膝支撑身体，截断了脚松松全身的通路，久之，周身难以放松，日久造成膝关节的病痛。

陈式太极拳大师陈照奎先生有"太极五十病"心得公布于众，以防后学者受伤，其中指出"双重""跪膝"为病。所谓跪膝，为膝前倾过足尖，全身重量由膝支撑，日久伤膝。

膝之操作，"三尖相对"为太极拳规定之膝法，膝不负全身之重，比较轻松，别无他法。脚部放松准确，踝自然松弛胀热，膝自然上提，无须人为支配。

现将吴图南大师有关膝的论述，摘录如下：

膝之为用，在能使足稳步健，调剂前仆后跌。盖因膝为大股与小腿之中间枢纽，且能运腿部之力，达于足掌。使全体重心巩固，地盆不摇也。其练习之法，膝向前屈，不可过足尖前，以防重心前倾。膝之后面，名为腿凹。做蹬弓步，腿凹务须绷直，以舒其力。至于两膝双蹲，气势必须收缩，以免颠倒之弊，且易进击敌人。膝之用法，与肘略同，有上提、下跪、左拐、右拐、前冲诸法，然非精于国术者，不易行之也。尝观鹤能独立，用力于膝，日终不倦。国术中，亦有模仿者。尚非别有心得，不能运用之也。

四、胯

胯在太极拳整体综合功夫中十分重要，请听太极拳大师吴图南教授30年代之论述：

胯为运用腰力，直达于腿之主要机关。故上承于腰，下连于腿，关系之在，不问可知。其练习之法，以端正为宜。或一腿前伸，一腿下坐（为桩步）。或一腿侧出，一腿下蹲（为半步叉）。或两腿左右分开，身体下踞（为坐马步）。则力能下达，气自下沉。故腰灵腿活全系乎此。学者，可不加之意乎？至其运用之法，有胯打、胯崩等法。

松胯是拳家之常识，凡练拳人都注意松胯，也互相提醒松胯。胯不松，两人较技，搭手便输，这是最好的检验。

拳家不可不研究松胯之功法，往下松比较困难，找不到放松点。人体结构，大腿骨的股骨顶端股骨头有突出的部位，即髋臼穴部位，俗称"胯尖"。两边胯尖意往两侧突出，然后意往下松，裆开一线。这个动作看不到外形，是在意念支配下运动。松胯动作完成后，由别人轻扶听劲，有扶空之感，用力推，推之不动，似铸入地下之水泥柱桩。但是，松胯要与提膝、扩踝、松脚贯串一起放松才有效果，孤立去松胯效果不佳。

切忌技击时闪腰挪胯，随意扭动双胯，左右旋转似灵活，不能放松双胯，扭动也是僵滞，易受人制。

太极拳功夫不是表现在某一个部位，也不是显露在外，而是整体的综合内功。是周身整体从里及表，从内到外，"全体透空"的修炼。有拳友用腰练腰，用胯练胯，平摇胯圈，双

"∞"字胯圈，斜胯圈柔胯圈，练来练去胯仍然松不下来。如果双胯松不下来，练拳时，整体形象不佳，推手易受人制，技击难以取胜。

松胯如何操作呢？单练胯不可取，效果也不佳。太极拳是整体综合功夫，还是应该循太极拳的规律练拳行功，整体综合功力提高了，松胯关节便自然贯通。

五、腰

先贤对腰的训练向来重视，在经典著作中对腰的论述，给我们提供了依据，了解腰在太极拳中的地位和作用。太极拳最为重要的动静开合，也是腰在操作。

关于腰，先贤的经典论述有：

"腰为纛，腰为轴。主宰于腰。"

"活似车轮。"

"命意源头在腰隙。"

"刻刻留心在腰间。"

腰为太极拳体用结合之主宰，是体内"九曲珠"中间那颗大珠子，位居中央，是体之中枢，承上启下沟通上身与下肢联系的枢纽。拳家无不奉为主宰，刻意修炼。

腰是拳之主宰，也是人类日常生活劳动、动坐卧走之主宰。板腰缺少灵活性，遇意外之事往往受制。练武之人特别重视腰部的训练，是有道理的。

听一听吴图南大师对练腰之教诲：

腰为国术中之主宰，诚所谓中枢关键也。故手足之动作，皆利赖之。他如进退伶俐，攻守得机，变化神速，虚实兼到，均不失其轻巧敏捷之态度。夫如是，必恃腰部锻炼之功如何为转移。于是腰部之练习，实在全身为最重。而其锻炼之法，有以腰部前突，臀向后翻为佳者。外家有谓腰宜后屈，尾闾下垂，为上者。前者外家主之。后者内家宗之。著者以为，练习身体，应本乎天然优美之发育，顺先天自然之能力。故于练习蹲坐等势，宜使腰部不前不后，位居中央，随臀而下，左右不倚，斯无前俯、后仰、左右歪斜之弊，似较为宜耳。至其运用之法，则有冲、撞、靠、崩诸法而已。

如何进行腰部的训练是拳家练好太极拳之至要。拳论中谈论腰的论述是经典要言，绝无差异，我们练不好是我们理解有误。在行功练拳时，一味在腰上用功，举手提足以腰坐之带之，初始练拳用腰不算大错，但易走弯路。最佳练法为在明师的指导下，练习空腰，否则拳难以练好，周身也很难松下来。进行双人对练推手时，聪明的拳家都知道"抢中""藏中"。所谓"抢中"，就是双方接手，聪明的拳家抢站对方中央部位，"吃"住对方，给对方以威胁。所谓"藏中"，是两人较技时将自己中央部位的腰藏起来，或者移到离开对方进攻腰部的劲头。如果此时你还教条地搬用"主宰于腰"，等于送给对手一个实实在在的身体躯干，也实实在在被打翻在地。由此可知拳家不应该有腰。准确地说，空腰就是没有腰。拳论说"腰隙""腰间"，腰隙前加上十分重要的形容语"命意源头"，让后来练家"刻意留心"。留心什么"腰间"？隙者空也，间者没有也。空间、时间、房间，都是空的，练家不可不察，拳家不可不悟。空腰是命意源头，源头乃是发源地。高明的拳家不应该有腰，你也永远摸不到他的腰。拳家的腰是"隙"是"间"，是"空"是"无"。按照太极阴阳学说，拳家行拳只有五个点，即顶、双手和双脚。躯干呢，按照拳理拳法要求，没有躯干，准确地形容，肩以下膝以上，胸腹部位空，拳者感觉没有躯干。有拳家形容，胸腹是提着的灯笼，对方触摸也摸不着东西。

拳友接受空腰的理论以后，要解决如何将腰练空的拳法拳艺。首先练拳时不想腰，不要腰。在遇有上下、左右、转身的动作时，不要以腰带手脚，不要以坐腰转身，而是以松脚松腰解之。转身时不转腰，转不过去，请不要转，以松脚转身，转不过去不转，在重心上找问题。拳论有一句要言"有不得机得势处，其病必于腰腿求之"。怎么求，松腰松腿，除此没有什么任何良方。如要敲开松柔功夫太极之门，不去松腰松腿，难以进入太极之门。

在松腰训练中，松不是孤立的练习，需要有别的部位协助，相辅相成。你练松腰，先去溜臀，溜臀中找感觉。不溜臀难以松腰，溜臀的同时，脊椎节节上松，给腰部留下空间，会出现"命意源头在腰隙"的状态。松腰亦分为阴阳，用手轻扶"听劲"。阴松，腰部呈细长空心管状，是没头的深洞，而阳松，深洞扩大超过腰围。此时习练者周身上下内外有"由脚而腿而腰，总须完整一气"的感觉。

半个世纪以来，寻找松腰的拳法，困惑和苦恼着太极拳人。腰松不开，等于练拳没有"纛"，没有"轴"，主宰没有了，车轮也无法灵活，"腰隙""腰间"也无从谈起。腰松不开，在深研太极拳的道路上遇到极大障碍。腰松不开，脚难以放松，膝胯僵紧，腰是承上启下的关键大关节，松不开是一块板，堵塞上下通道，上肢的肩、肘、腕、手四大关节本力退不掉，周身挂力操作，丝毫没有太极拳的阴阳变转，举动轻灵，不用劲力，动分虚实，动静开合，上下相随，内外三合等太极拳绝妙拳艺，所以腰是重要之大关节，要刻苦习练，细心体验，也要在松腰的拳艺上有所突破。

循太极拳规律练拳，是放松腰的上乘拳法。

六、肩

放松肩是所有太极拳人梦寐以求的功法。松肩难求。请看吴图南大师对肩的论述：

肩之运用，必须始终维持其平衡。故无论任何姿态，均以松肩为主。肩松则两臂之动作敏捷，举止自然。不可徒尚拙力，致使两肩高耸，动作生硬，甚有一肩高起，一肩低下者，既碍观瞻，且不合生理之自然配备。学者，练习肩部时，宜慎之，戒之！至其应用之法，有肩靠、肩挤、肩撞等法。

在太极拳套路中，没有肩的单独拳势，在技击训练中，有肩靠一技，外三合之肩与胯合。拳论中谈肩之论难以寻觅，但不能说不重要。

在太极拳套路中，无肩难以成为拳，每势每动也离不开肩，肩之重要显现在拳的套路之中。拳家在盘拳实践中深深体会到，肩寒全身僵，肩紧全身滞。肩也是呼吸的总"气门"，寒肩气上浮。外家拳训练肩的技击运用，拳法有靠、压、倒、缠、耸以及七寸靠、八面肩。太极八法中有靠，但太极拳法里多提倡松肩。笔者认为松肩为最佳练习法。有拳师提倡"沉肩"，但有意沉肩则失去自然，练拳以自然为佳，道法自然。意大而僵，有动意而紧，僵紧不是太极拳，太极拳讲究轻灵，举动轻灵。总是想着沉肩，很难轻灵。

训练松肩不是短时间可奏效的，要天天注意松肩，盘拳势势松肩，在阴阳变转松腰的同时也应松肩，一招一势肩不着力。在预备式时，双肩从夹脊左右意松至肩，然后双肩下松。

经常注意动则松肩，可以达到松肩之目的。习练太极拳套路时，什么意念也不放入，只是练松肩，动动松肩，势势松肩，一套拳练下来肩很松柔，周身舒服。有一个问题，在太极拳综合松功修炼中，肩是最后放松的一个大关节。太极拳是综合内功，每一个关节器官都不可能单独行动，肩更是如此。

而松肩经常"欺骗"练功的人，常误以为肩是最容易练、最容易松下来的关节。公园里常见到二人推手较技，二人你来我往，屈伸较量肩最为灵活。为了推发对方，或防守对方来攻，便抬肩、寒肩、晃肩、转肩、闪肩、滑肩、躲肩……看上去肩很灵活，自我感觉很好，化过进攻，躲过一劫，似乎是松肩的功夫。其实质，不是肩松下来，而是肩更有力，有的只是灵活。有一位青年太极拳练家，登门来访。说每天练习"平摇"，即两手手心向下，左右摇来摇去，他介绍他的肩很松，当地很多练太极拳的，推手都推不过他。我说："你那肩是假松，只是灵活。"他不解。我请他将双臂后摆大约半尺，我左右手以指扶他的前臂，请他将臂自然下垂到原来部位，他用了几次力都没垂下来。最终承认自己的肩没有真的松下来。应他的请求，我将双臂后伸有一尺多，他以双手劲推我的上臂，我问："我能起来吗?"他说："你起不来!"笔者双臂垂下，他后退一步。那青年不知太极拳是综合内功，不知肩的动作与周身各个关节和器官的配合协调关系，笔者松脚、松肩、垂肘、展指、舒腕后，从脚下产生一股难以阻挡的威力，但又不是用力将他打出去，完全是用意。

在太极拳松功修炼中，肩是最难放松的关节。因为人们日常生活用力的地方太多，每次用力，无不与肩有关。天长日久，蕴藏在肩上的力量最多且最有力，像担、扛之类的重担也压在肩上。拳理拳法要求举动轻灵，轻灵和有力是一对不可调和的矛盾。拳道要求修炼者，以轻灵退去肩之本力。练拳者应该明白，退去肩之本力是一项巨大工程，欲退去肩之本力，最佳的修炼法是练拳。杨式太极拳家杨振基先生说的比较肯切，"功夫是拳上练出来的"。吴式太极拳杨禹廷老宗师说得更为深切，他说，"太极拳就是两个势子，一阴一阳，一通百通"。松肩退去肩的本力，最佳的选择是练拳。循太极拳规律练拳，不能有任何的随意性，否则一事无成。

那么，如何检验是否放松双肩呢？检验他人，请以两手抓住对方一只胳臂，往上托举对方的肩。对方的肩上去了，对方随你的端力往后仰，证明肩未放松。相反，用力端不起来对方的臂，此时，你的脚很稳地站在地上，也证明对方的肩不松，是以本力在支撑着。如果端臂者端不动对方的臂，有上浮感，脚下飘浮不稳者，证明对方的松功有一定修养，可以说达到内功大成。

请对方检验自己双肩是否松，也采取这种方法和标准。

七、肘

太极拳没有单挑出来讲肘，但肘在套路中无所不在。肘在肩、腕中间，肘滞上肢僵，在技击上吃亏，练拳肘僵也难以将拳练通、走顺。

太极拳要求松肩、垂肘，肘自然下垂，不可着力。在拳的套路"弯弓射虎"势中掩肘有出拳之用；除此在套路和技击中，垂肘，肘不着力就是。外家拳用肘之技法颇多，像靠身肘、撑肘、盘肘、七十二肘等多种肘法。太极拳修炼中以垂肘为佳，练拳垂肘日久，肘自然下垂，有"一肘松到脚，巨力难进身"之说。如"十字掌""金鸡独立"等势，手高举过头，肘形上提，但仍有下垂之意，不可着力。

我们先听听太极拳大师吴图南对肘的论述：

肘之地位，在肩与腕之间。承上达下，关系至巨。锻炼此处，如不得法，则意气不能运之于手，动作焉能活泼自如。故任何姿势，应以垂肘为上。使腰背之力，由肩达肘，由肘而运之于手。至其应用之时，以距离最近为宜，贵乎神速，切忌迟缓，盖恐被敌拨挑也。所用步法，以半步为妙，以免肘部高举，腋下为敌所乘。至其应用之法，有盖肘、献肘、仰肘、拐肘等法。

肘在九大关节中地位重要，在习练太极拳的过程中，肘以自然下垂为规范拳法，以意坠肘明显意大，没有自然垂肘显得轻灵松沉。在行拳时，肘并不单独行动，多以"松肩垂肘"相配合，在"外三合"功法中，肘与膝合，对"上下相随"拳法，起到十分重要之作用。

吴式太极拳对肘没有特别的要求，以杨禹廷为代表的吴式太极拳，以朴素的习练方法，只提出"松肩""垂肘"。上海吴英华、马岳梁为代表的吴式太极拳，提倡"沉肩坠肘"，沉肩也是练太极拳的特点。"沉肩与含胸拔背相关联。肩不沉，则胸廓以上皆受束缚。坠肘也重要，肘不坠则作泄滞，力不能长，两肘失去保护"。吴、马两位大师在书中介绍的"沉肩坠肘"未能当面受教不能理解其意，仍以自然松肩、自然垂肘习练。

八、腕

在谈腕部松功之前先听吴图南大师的论述：

运用气力，如何始能随心所欲，达于敌人之身？必须视腕之能否灵活而定。盖肩不松，则力不能到肘；肘不垂，则力不能达之于腕；腕不活，则力不能达于手指。况望其力能达于敌人之身者乎？故腕之灵活，实为练习国术者必须之条件。至其应用之法，有提腕、按腕、仰腕、垂腕、挤腕等法。

吴大师提到的"力"，笔者认为绝对不是本力、拙力、常人之力。大师说的力大概是指圈内人说的"太极劲"。为了叙述大众化，他以力解说。

人之手腕，以多块小骨骼组成，所以能转运自如。太极拳的腕骨均应松开，腕应灵活，还要虚松，不能着力。如与人掰腕亦不可用力，以松腕取胜，腕有力全身受制。

腕不能孤立松柔，要配合松肩、垂肘，展指松腕，指不展腕不好松，垂肘、展指、松腕，先展指，手松开，腕自然舒松。

腕在周身九大关节中不是占主导地位的关节，上有肘、肩，前有手掌和掌指的14个小关节，前后受到保护。推手、技击受到手和肘的牵制，难以独立活动。但是，松腕在周身的松功中占据十分重要的位置。腕部僵紧，肘、肩受制，手也难以空松。手腕和脚踝在太极整体综合内功的修炼，是十分重要的上下两个关节。腕部的空松和僵紧，影响手的空松，脚踝僵难以使脚部放松，即使双脚放松下来，踝部僵紧挡道，难以达到"由脚而腿而腰"的完整一气，不使节节贯串，周身放松受制。踝间僵紧，难以体现太极拳"其根在脚"的拳理拳法。腕僵踝紧将太极拳人置于死地，与人较技受制于人。

如何放松手腕呢？任何松腕单操手的效果都不能与练拳相比，练拳时欲松腕先展指，"展指舒腕"，食指不挂力，对松腕起到上乘效果，不妨多试。试中调整思维，试中调整松腕动作。盘拳时，凡有腕的动作，一定要躲开，以避免腕部出力，有按的动作；腕及掌根要松力，由无名指引领向前、向上舒展，千万不可向下、直下压按。如此操作成为习惯难退去本力。

推手、技击退去踝、腕本力，你有一双松柔的踝，你有一对松空的腕，将立于不败之地。

九、手

说到太极拳人的手，要说的话很多，在谈手之前，先听听太极拳大师吴图南关于手的论述：

练手之法，为国术中之主要部分。虽有长手短手之别，而长手贵乎力足；短手妙在自顾。平素练习，非长手不能运意气达于指掌。应用之时，非短手不足以保身躯。故长短互用，刚柔相济，方为美善。惟手有五指，指有三节（拇指二节）。并指为掌，屈指成拳。掌之根处为腕，其运用也，各得其便，不可偏废。因分述之如下：

指

练习之法，因用指之多寡，而名称各异。兹分述之于后：

金刚指：

金刚指者，拇指，中指，无名指，小指，均屈握。而独伸食指之谓也。

金剪指：

金剪指者，拇指，无名指，小指均屈握。而独伸食指与中指之谓也。又名剑诀指。

三阴指：

三阴指者，握拇指与小指，而伸中三指之谓也。又称鼎指。取其鼎足而三焉之意也。

金铲指：

金铲指者，得握拇指，其余四指一齐伸出之谓也。

指之用法，不外插、点二途。苟非气力精至，不易使用。锻炼之法，宜屈宜伸。务使气力达于指端，乃能得运用之妙，不可强直，而徒尚拙力也。至于运用得法之后，对于其他艺术，皆可有辅助也。

掌

掌之练习，虽同系伸指为掌。然有五指互靠者，有五指分开者，则因门类之不同，形成亦因之而异。兹分述之如下：

柳叶掌：

柳叶掌者，五指紧排，形似柳叶之谓也。

鹰爪掌：

鹰爪掌者，四指勾屈，状如鹰爪之谓也。

虎爪掌：

虎爪掌者，五指勾屈，状如虎爪谓之也。又名金豹掌。

北掌与南掌：

北掌者，四指紧排，大指屈贴掌缘之谓也。南掌者，侧多五指分开者也。

双推掌：

双推掌者，两掌一前一后，同时运用，力由脊发，气贯掌心之谓也。

按掌之应用，约有五端：（甲）上挂，（乙）下劈，（丙）左挥，（丁）右挥，（戊）中按等数法而已。

拳

拳者，屈指握固，团聚气力，用以击敌者也。当握拳之时，宜以各指之尖端，齐向内卷，集中于手掌之中间。其大指，则向下俯。务使其指尖，适触于中指之第二节，方为合宜。以便应用之时，击之不开，分之不散。至于其他握拳之方法，亦有数种。因其运用之不同，而形式亦有特殊之现象。兹分述之如下：

掐拳：

掐拳者，以大指先掐食指第三节之横纹，然后其余四指，由外向内，卷紧作拳之谓也。

钉拳：

钉拳者，五指平握，将中指之第二节凸出之谓也。

豹拳：

豹拳者，各指之第三节伸直，仅勾屈五指之上二节之谓也。

拳之为用，少林有龙、虎、豹、蛇、鹤五拳。太极有搬拦、撇身、指裆、肘底、栽捶五拳。形意有劈、崩、攒、炮、横五拳。其他拳法，莫不皆然。名目虽殊，而终不离四正、四隅、中宫之九法。至其运用气力，而发出于体外，则殊途同归也。

先贤大师对手的修炼，在经典拳论中时有披露。象"形于手指""妙手空空""布于两臂施于手指""运之于掌、通之于指"等等。清人陈鑫大师对手之训练有专论，他在《揭手十六目》中的较、接、沉、黏、因、依、连、随、引、进、落、空、得、打、疾、断十六个字的用法一一论述，可惜十六种手法未被推广。他的另一著名病手论述中，有"三十六病手"面世。

第六节　太极手

传统太极拳多为七八十个拳势，甚至一百多势。太极拳名曰拳，其实拳势极少，掌势颇多，称拳只是名称术语。以杨禹廷 83 式太极拳为例，只有十一势拳，勾型也不多，而掌型多有几十势。不言而喻，练家都明白，手在太极拳的体用中是十分重要的。故提倡太极手的修炼，会受到练家的重视。

在经典著作中，先贤并没有以手为论，而是以较多的语言论述太极手。拳论经典中关于手的论述，有"妙手空空""形于手指""曲中求直，蓄而后发，方能随手奏效"等等。但像"形于手指"和"妙手空空"，确是太极拳练家修炼的精要。

从以上手之论述，不难看出先贤对手之关注。还特别提出，手上"顶、偏、丢、抗"四大病，以防止练家走弯路，过不了关。事实如此，有练拳十年二十载的朋友，在与人试手较力时，很难运用松柔功夫在阴阳变化之中，结果身手僵滞，难以操胜券。因为出手拙力，说到底，手上训练不符合太极阴阳学说，病手连出。

一、太极拳对手之要求

太极拳属于武术，但对手的要求不同。武术各类拳种，手上要有威力，立掌开石，穿通木板，对手的运用变化多端，分为拳、掌、勾、爪、指五类，五类手法中，演变出百余种用法。太极拳手法有四：掌、拳、勾、指。

太极拳的手法与外家拳的手法截然不同。外家拳的掌拳伸出去刚猛有力，而太极拳要求手指掌舒松，关节松开，且节节贯串。太极拳经典著作对手有超出一般的要求："能从人，手上便有分寸。""运之于掌，通之于指"。太极拳修炼到上乘功夫就是空手。太极拳的手型变化，只有掌、拳、钩三种，这三种手型之共同点都不着力，是空掌、空拳、空松之钩。

二、掌

太极拳，名为拳，但以 83 式拳为例，一套拳只有十一势用拳，实多用掌。技击较技，也很少用拳，多用掌。行拳、技击体用，要求掌型多种变化。基本掌型有立掌、平掌、俯掌。立掌，五指微分或中指、无名指微并（取中指手厥阴心包经、无名指手少阳三焦经，阴阳平衡之意），虎口向上圆张，也可以说虎口撑圆但不要用力；平掌，五指微分开，掌指舒展但不可强直，掌心向上；俯掌，掌心向下，舒展但不着力。

在运用掌的过程中，习练者不要忘记，太极拳是在阴阳变化中的松柔动态运行艺术。手不可强直，也不可松散，伸出去要适中，好看，要有一点艺术性，也要有一点观赏性，虽然不像梅兰芳的手，但也不是拙力手。

掌是由手指和手掌组成，进行掌的训练也不能忽视手指的训练。太极拳的手用途广大，行功练拳不是大把抓，每个指有每个指的用途，分工明确，互不干扰，现将五个手指的用途叙述如下：

拇指：调气。在左右"抱七星"势中，拇指对鼻尖，气顺而重心稳固。

拇指另一个功能，也是十分重要的功能，拇指是自己的重心。笔者受邀，主讲"太极松功"，将拇指是自己的重心公诸于众。听众们不以为然，邀一位听众到前边来，随意站稳，请一位听众轻轻推他的后背，被推者往前斜倒，即迈步站稳。笔者请被推者将拇指撑开撑圆，再请推者用原力再推一次，结果推之不动，再加力，仍推之不动。这证明了拇指为自身重心的说法。

食指：轻扶。意念在食指梢的势比较多，食指对于中正安舒起中正作用。食指在周身松功训练中起着至关重要的领衔作用。通常食指轻扶拳套路路线，循拳的进退固定路线行功。注意轻扶时，食指不能挂力，以食指松净为佳。食指松净后，直接影响腕部的放松，前臂也应放松，松到空前臂的境界。食指松空时，影响腕部松，尺骨松到肘，上至垂肘、松肩，上肢完全可以放松下来。从此可以看出，食指挂力影响上肢松柔，如果有力将牵动全身僵紧。食指最喜表现自己，前伸臂部，食指用力喧宾夺主，替代无名指可不是好事，将影响周身放松，放慢松空内功上身的时间。

练拳、推手、技击等活动，千万松食指，结果其妙无穷。

中指：调整。立掌、仰平掌、俯掌，以中指调整中心，底盘稳固。

无名指：是行拳时向前的引领指。无名指在手掌的五个手指中，是最无力最笨的一个手指，它不会用力，连掏耳朵的小动作都完成不好，向前的动作由它引领不会出力。指不出力，腕可自然舒展，前臂没有任何牵动可自然放松，当然肘自然下垂，肩也放松。在太极拳操作中，由于无名指无力，使周身放松是可能的。

小指：小指在手掌中是最弱小的一个小鬼，别小看它，"小鬼可当家"。在太极拳综合修炼中，小指占有十分重要的地位。凡向后屈、退、向下的动势，均由小指支配。不用力，而是轻支配。凡拳中自上而下、由前向后的动势，习练者瞬间想小指，手掌将向后、向下自然运行。下降的胳臂没有力感为准确，经常照此运作，对放松全身有益，经常从上往下松虚小指，呼吸顺畅，不淤不堵，有益养生。

三、钩

实钩：小指引无名指、中指、食指、拇指逐一拢实，五指实拢，指尖成梅花瓣。钩变掌，拇指、食指、中指、无名指、小指逐一舒展。

虚钩：小指引拇指与食指、中指松拢，无名指、小指松垂。钩变掌，以拇指引食指、中指、无名指逐渐舒展开。

四、拳

拳在83式太极拳套路中，仅有十一个势用拳，其余多为掌。掌变拳以小指引无名指、中指、食指、拇指依次松拢。空拳心、拳面平，拳眼亦为平面，拳眼向上。拳变掌，以拇指引食指、中指、无名指、小指，依次虚松舒展。虚拢虚展，不用力。

五、练成空手

太极拳是拳也是手。太极拳练家自然首先要研究手的修炼和运用。在这方面，先辈对此道比我们认识、理解深刻得多。诸如"展指舒腕""能从人，手上便有分寸""运之于掌，通之于指""虚离，故曰上手""得其寰中，上手也""布于两臂，施于手指"。陈鑫大师的《揭手十六目》说了十六种太极手的修炼和运用，王宗岳在《太极拳论》中对手的妙论是"形于手指"。

几代先贤拳家日夜苦修的实践经验提示后来者，练太极拳重要在于手的修炼，可惜，修炼太极手的道理未能引起后来练家的重视，出手贯力，拙力充满手掌。

不言而喻，练太极拳，伸出的手不是你工作、生活、劳动中的手，而应该是符合阴阳学说、按照太极拳拳理拳法规范的手，也就是"太极手"。比如京剧大师梅兰芳，舞台上的手可写一本手艺术的书，但他生活中的手，就绝不会与舞台上等同。武术也一样，形意拳是形意手，查拳是查拳手……道理就是这么浅显。

拳论提示："一举动，周身俱要轻灵""形于手指"。你练拳周身不轻灵，身上、手上都是拙力，还是没弄明白手在拳中的从属地位。太极功夫脚为根，手应被动，不唱主角，进而练成空手，形于手指，妙手空空。"上下相随人难进"。首先你的脚和手必须符合太极阴阳学说，按拳理拳法规范自己的手和脚，这是迈出修炼的第一步；第二步方可谈练拳，进而修炼太极功夫。

六、太极无手

锻炼身体打一套太极拳，有手无手都是活动筋骨，如果向高层功夫修炼，则需要研究太极"无手"的精妙拳理。

太极"无手"说，不是某位拳师的习拳心得，而是几代太极拳的大师拳艺实践的经验之谈。上乘功夫的太极拳师指导学生练拳，时常提醒他们注意手不要"妄动"。拳诀道："太极不用手，手到不再走。"拳论云："形于手指。"还有一句颇费思考的话："太极无手，浑身上下都是手。"可见，"太极无手"是太极拳上乘功夫，也是立志踏入太极之门的拳家必须向深层功夫修炼的目标。

怎样修炼太极"无手"呢?盘拳一定要"轻扶八方线"。吴式太极拳套路是由大小不同方向不同的圆圈组成，也是四正四隅八个方位循环往返的。修炼者盘拳时，两手食指梢不要有力，而是轻轻扶着套路的圆形圈，以松、柔、轻、缓地运行，长此下去，便会体味到圆活趣味，以及盘拳的极大乐趣，体味到太极"无手"的精妙之处。

要认识轻扶理论，引申去认识无手，研究无手理论。练家不要以常人的思维去认识、理解太极拳学，也不要以常人的眼睛审视太极拳拳理。如果以常人的思路去看太极拳，那将永远停留在常人的层次上原地踏步。太极无手的理论和实践，不会被常人所接受，因为他们没有见过这样高水平的拳师，以常人的思维怎么也想象不出无手是什么功法。请做一个试验，试验人将双手放在桌子上，全身及肩肘腕真的放松，然后再松到指梢，使手真正到空无的境界。找到这种手上空无的感觉后，以此种感觉空无的手，去轻轻扶对方的胸或身上其他部位；你只要真的以空松、空无干净的手去轻扶对方，对方脚下便会晃悠，站立不稳，双方都会兴奋地发现空手的玄妙。这说明练空手不难。

所谓太极拳博大精深，就是将后天之力退去，将后天用力的习惯恢复到先天不用力的自然之中，其实博大精深在自己身上。心神意气在任何纷乱的环境中修炼到安静，极为安静的境界之中。

七、浑身皆手

太极无手，太极空手，与浑身皆手是不是矛盾？不矛盾。一位拳艺水平上乘、拳法造诣高深的太极拳家，他应该具备空手、无手、浑身皆手的功夫。

我们先看看杨禹廷大师的功夫。

60 年代末，老拳师每天到故宫东墙下遛弯儿。不少倾慕者闻风而至，在老拳师的周围云集不少追随者，我也混在其中听他说拳。胆子大了，也伸手"听劲"。有一次老拳师伸开双臂，左边三人，右边三人紧紧攥住两臂，两人推住后背，我则用拳紧紧顶住他的后腰。当时并未感觉老拳师有什么动作，可不知怎么回事，左右六个人摔出去了，背后的两个人也飞身而出。我更惨，因为我用的是实实在在的力，背后又是宫墙，我胸口一憋闷，原来撞上了宫墙。

老爷子每次外出时持手杖，行走时双手横握放于身后。有一次，我跟随其后，到他家门口时，冷不防从左边用右手猛夺他的手杖，说时迟那时快，我糊里糊涂上了他家三四米远的东墙，坐在地上半天才站起来。进屋后，我问老人怎么一摸手杖，我就摔出去了。他没回答，仅仅看了我一眼。

1978年元旦，在老拳师家中跟老人一起过年。跟随老人数年，深知不要错过学拳听劲的机会。我一扶他身上哪个部位，脚下就发飘，老人一看我，我便飞身而出，这些都没有动作，是在无形无象中进行的。玩了半个多小时，老人兴致极高，让我踩他的脚。开始我不敢踩，为了听劲，我便虚虚地踩在他的脚面上。当时我感觉胸口十分难受，呼吸困难，身子发飘，想撤脚不踩却已经晚了，像是有一种强大的打击力，从脚到顶欲破墙而出，吓得我灵魂出了窍。老拳师拽住我的手，笑着说："这是玩艺儿。"又说："手杖不能用力去夺。"

从1974~1982年老拳师仙逝，到老人家中习拳九年。九年来，老人对我的教诲难以忘怀。他就太极拳对我讲了几句明白易懂的话："太极拳就是一阴一阳两个势子，脚下阴阳变动，手上不着力，明白了这个理儿就一通百通。"

九年来老拳师说拳，让我从顶到脚，从胸到腰，听劲遍全身。在京城有人对杨老爷子不理解，偶有微词，说："杨老师口紧，"有一位弟子说老爷子"过于谦虚"。前辈拳师教拳因人而宜，看你接受能力而教，有的放矢。老爷子晚年给我说内功很多，我是杨禹廷晚年太极内功的最大受益者。老拳师全身透空，摸在哪儿哪儿空松，什么也摸不着。他坐在太师椅上像一个人影，或者说，像衣架上悬挂着一件衣服。他左手放在老式八仙桌上，让我去按。我刚按上，他没有任何动作，我便飞身直起，这便是老拳师神奇的太极松功。按他的肩，似什么也没按上，有按入地下的感觉。用一个指头随便按在他身上前后左右任何一个部位，都是一个空虚点，或是坚硬点，像出来一只手，把你打出去。这就是"太极无手，浑身上下都是手"吧。

凡练拳多年具有上乘松柔功夫的拳家都能够做到浑身皆手。浑身皆手听起来神，接触后也备觉神奇，但不是难以追求。如能深入认识、理解太极拳，潜心习练，循规蹈距，每天盘拳，在阴阳变化中寻求拳之真谛，在轻扶八方线中会有所得。

浑身皆手是太极空手、太极无手功夫的综合，三者是太极功夫的三种术语。三者体能是全身透空，全身透空者浑身皆手，扶他身体的任何部位，都有吸拿发放之功力。高手从不用手去打人，他总是绵软虚灵，只要你用力进攻，手上即刻发出难以阻挡之巨力，但手上又少有动作。说到底，太极拳大师们已达到无形无象全身透空的境界。

八、松指与养生

在太极拳拳艺中，手小指似无足轻重，习练者从不刻意去练小指的动作。但在太极拳内功中，手小指的作用是很重要的。

手小指有阴阳两条经络，少泽穴主阳，手太阳小肠经；少冲穴主阴，手少阴心经。心、小肠在人体五脏六腑中占十分重要的位置，挑保健、养生之大梁。有的拳友说有胸部憋闷感，拳后感觉胸腹不顺畅。笔者说："送给你一位保健医，保健医就在你的身上是——'小指'。"这时请拳友站立起来，举起自己的右手。举手时不要用力，以无名指引领，肩松而起，到极限，不要有意念，松小指下落，要把握自然下落。注意，手下落时一丁点儿的力也不挂，完全自自然然下落，手和胳臂不挂力，从起到落不要有意念支配，越自然越好。松小指落手的同时感觉到脏腑很通畅。经常松小指，便秘之患也会消失。

松小指不但有养生、保健之奇效，对武术太极拳修炼也有良好的作用。有很多朋友为松肩、垂肘难求而苦恼，向你推荐小指松肩、垂肘法。不要意念，操作简单，只要经常保持左右小指放松，肩自然放松，肘自然下垂。凡有从前向后、向下的拳势，松小指、松肩、垂肘，手和臂自然下垂或后捋。推手、技击中操作也很简单，对方攻来，不要以力去接对方的进攻，松小指，对方扑空，在他欲逃的瞬间，他的神经、呼吸、肢体等部位都处于凹的状态，你给他填实，以凸进行打击。

手小指在手掌中是辅指，不善劲力，只能做掏耳朵那种小的动作。在武术运动中，小指不占主导，这是它的不足，又是它的优势。因为小指难以贯劲用力，太极拳以阴阳变转，举动轻灵，用意不用力行功，因此，小指就发挥出绝妙之功能。在太极拳内功中，小指起着举足轻重的作用。凡多年双肩松不下来，垂肘垂不下去，经常松小指，松肩垂肘关可以自然通过。松小指很简单，松小指易懂、易学、易操作。小指放松，腕也可以随之而松，肘也随松腕而自然下垂，垂肘之后肩也就自然放松下去，这是小指在太极拳人身上的大作用。

凡武术人周身均应紧凑，是内功的收敛。还要舒展，舒展也是内功的舒展，外形没什么变化，听劲有感觉，由双手按拳理求之极为舒展。虽然武术有虎爪掌，取五指勾屈式；鹰爪掌，取四指勾屈，如鹰爪状，以及各种勾屈指法。但是，太极拳的拳理拳法要求五指伸开，舒展不挂力。杨禹廷大师提到："手要平，不要挂力。"内家、外家拳理归一，勾屈五指，或五指抱拢似铁拳，是兄弟拳种之功法。从运动生理讲，手指的末梢神经只有在舒展五指之后有可能发挥更佳的功效。

有不少拳友，出手五个指头都伸出去。太极拳讲究"动之则分"，内分阴阳，指梢与指根分，有前便有后，否则对攻方没有威慑力。究其原因，对于习练的太极拳研究不深，理解不透，对拳结构分析欠下工夫琢磨。只知五指为掌，不知掌中奥妙，不知每个手指有每个手指的用途，每个手指在整体拳艺中的作用。

再说太极手上五指之运用，拇指主自家重心，食指不能着力，主轻扶套路路线，中指主中心或对方中心，无名指引领向前的动作，而最小的小指，在太极拳综合内功运用中，起着松肩垂肘，统领周身放松的角色。练拳松小指，推手松小指，技击同样要松小指。太极拳修炼要求从脚到手放松九大关节，松小指有益于放松九大关节，松小指有利于松肩垂肘，松小指能顺畅地放松两踝和两腕。

经常松小指对脏腑通畅，上肢下肢的经络顺通，气道、血道松畅不淤阻，对疏通结肠、横结肠、降结肠、空肠、回肠、直肠等消化排泄系统起着主要作用，对便秘也有一定的益处，对保健、养生是十分重要的。

传统中医学告诉我们，人的十个手指，十个足趾，是人体六阴六阳十二经脉原发点。人们常说五脏六腑，相加为十一，如此阴阳不平衡，有悖中医理论。人们手上三阴三阳经络，脚上三阴三阳经络，上下共十二条经络，十二条经络通连六脏六腑，"五脏六腑"少计算一个手厥阴心包经。此经在中指指甲根左侧"中冲穴"位置，手少阴心经在小指的"少冲穴"。

手的三阴三阳经络：

三阳经：手太阳小肠经（小指）

　　　　　手少阳三焦经（无名指）

　　　　　手阳明大肠经（食指）

　　三阴经：手太阴肺经（大指）

　　　　　手少阴心经（小指）

　　　　　手厥阴心包经（中指）

　足的三阴三阳经络：

　三阳经：足太阳膀胱经　　　三阴经：足太阴脾经

　　　　　足少阳胆经　　　　　　　　足少阴肾经

　　　　　足阳明胃经　　　　　　　　足厥阴肝经

　　六阴六阳共十二经络，加任、督二脉共十四经脉，阴阳平衡。十四经脉不出故障，经络通畅无淤阻，人体健康，何病之有？笔者向读者介绍"旋捏手指"养生练功法。此法易懂、易学、易操作，是人类健康的好帮手。人的手指和足趾，左14个小关节，右14个小关节，双手28个小关节，双足26个小关节。大趾2个关节，二趾、中趾、无名趾每指3个小关节，小趾2个小关节。

　　操作如下：右拇指、食指、中指三个手指相对，捏住左手一个手指的小关节，横向旋捏。因为人类手指竖向张合从幼时就会，成人后已成习惯，而手指不会横向旋转，它的功能渐渐减退，手的三阴三阳经络不顺畅，易引起手指不健康，进而影响人体健康。这时双手要互助，左手旋捏右手手指，右手旋捏左手手指，从拇指到小指逐一旋捏，以旋捏关节部位为佳（如图）。

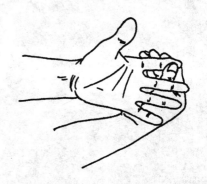

前边已介绍了手上的三阴三阳经络，旋捏拇指通畅肺经，旋捏食指通畅大肠经，旋捏中指通畅心包经，旋捏无名指通畅三焦经，旋捏小指通畅心经和小肠经。每天坚持手上的经络旋捏一遍，有空闲时间想起来就旋捏，次数越多越好。

活动手指的方法很多。每早醒来伸罢懒腰要紧握双拳、松开；紧握、放开数次，使休息一夜的两掌充血热胀，解除关节僵紧，手功能恢复正常。还有三法：

1. 拉捏法——以拇指和食指操作，从拇指始逐指拉捏消除指劳累。左右手互换，操作时除捏拉，也可以加上掀拉捏法。

2. 搓手背——手是人的第二张脸，左右手互搓手背，可以恢复手背肌肉的弹性，可祛病延寿。操作简单，以左手掌横贴右手背，从食指根部向小指方向搓动，左右手互换，想起来便搓。

手指旋捏保健养生，要经常做，想起来就做，看电视、乘车、走路、乘船、乘飞机随时可做，不占时间，不用场地，伸手便是，自保康泰。可以说，是 21 世纪人类健康的方便"快餐"。

第七节　内修把握部位的修炼

人体周身从脚到手的九大关节的放松状态，可以摸得着看得见，还有忽隐忽现的部位，像臀、裆、胸、腹、腹股沟等部位，也要依次放松，笔者称这些部位为"内修把握"的部位。

一、臀

臀部在太极拳的身形中主中正的部位，拳论有"尾闾中正神贯顶"的说法。尾闾是脊椎的根部尾骨部位，位于长强穴。

身不正而尾闾歪斜，影响身形中正，摆尾必定摇头，破坏了身形的整体中正。太极拳要求身形中正，臀部下收，或称溜臀，方可保持身体正直。臀部下收，呼吸自然深沉，会阴部位自然上提，身体易于放松，呼吸自然安舒，直接影响松腰、圆背、拔脊、裹裆等部位的锻炼。翻臀、跷臀则会破坏全身的松柔关系。

溜臀动作并不难，是摸得着看得见的部位，动则臀下溜，手扶有下溜感。

臀部在太极拳内功中占据十分重要的地位，是人体阴阳平衡的后中心，是太极内功的重要部位。臀部下溜是太极松功，不是可练可不练的部位。不溜臀难以松腰，松腰和溜臀是一对同时习练的功法。有的拳友十年二十载腰松不开，单单习练松腰，腰就是松不开，这是不知道不溜臀难以松腰的拳理。吴英华、马岳梁合著的《正宗吴式太极拳》书中，关于臀的论述如下："凸臀的弊病，在于能造成松腰的障碍。"字数不多，堪称金句。曾有一位自称有三十年拳龄的名家，一般人推手总败在他手下。可惜，他不知溜臀之拳艺，笔者溜臀后，来者撼之不动，推他时便站立不稳。如果这位名家能把握溜臀内功，他将成为真正的高手。

过去，很多同道没有重视溜臀的修炼，太极内功不上身，知道溜臀重要性之后再练也不迟。溜臀简便易学：太极拳的拳理，动分阴阳，臀亦有阴臀阳臀之分。请注意，掌握九大关节放松之法，习练溜臀功时，先松脚，阴臀是从上往下前溜臀，尾闾向下前弯溜。阳臀是从上往下直溜。说时易，实际操作有难度。如果是"死臀"，你下溜时，臀部没有动静，什么反应也没有。这时习练者莫急躁，一次不成再练，天天练，配合练拳的阴动阳动，动则溜臀，只要下工夫，没有不成功的。

现将溜臀秘法公诸于世：请你去坐着打秋千，去时阳溜臀，回时阴溜臀，可试。

二、裆

裆是任督两脉的交会处，练裆的功夫以掩裆、裆开一线为佳。裆在会阴穴处，会阴与百会穴上下呼应相对，自然疏通任督二脉，有"虚领顶劲""尾闾中正神贯顶，满身轻利顶头悬"之经典，可见裆在全身之重要。练家应刻意修炼，否则较技时常被对方"脚踏中门裆里钻"而得势，使自己失败。

在拳势中坐步与弓步的虚实变转，裆圆胯松步法自然灵活，阴阳自然变转。裆不可着力，以虚为要，松裆的关键是裹裆，似婴儿以三角巾从臀部两侧自下而上，从左右而中包住。裹裆必然溜臀，裆、臀相辅相成，自相配合。不要人为地去干扰这两个部位，即不要过多用意，意大呆滞。

吴英华、马岳梁大师关于"裹裆含腚"是这样说的，"裹是包起来之意，裹裆是大腿肌肉的外面向里面包裹，臀部不翘，肛门自然上提，称为含。裹裆含腚的姿势做到正确，可使气不外泄"。笔者体验溜臀和含腚意思一样，说法不同，可见裆在拳中的重要地位。

三、腹

《十三势歌诀》云："胸腹松净气腾然"，体内轻松不淤阻，呼吸顺畅深沉，都来自松腹。

溜臀、裹裆、收腹是紧密相联的三个身体中部部位。臀、裆松活，腰空，背圆灵活不滞，使全身松开，虚实变转，开合自然，这是收腹之功效。太极拳一般不提气沉丹田。久练气沉丹田，小腹似扣着一口锅，看着圆鼓鼓，摸着硬邦邦，影响在技击场上操胜券。拳家在修炼身形的过程中，循拳理拳法遵道而修，气沉丹田有悖太极阴阳变化，影响小腹松静灵活。

太极拳家有"气卸到足底"之说，"劲起于脚""其根在脚""上下相随人难进"都论及气到脚。京城太极拳大师杨禹廷有"用脚呼吸"的说法。老拳师从来不说"气沉丹田"，可见气沉丹田不一定是上乘功法。

记得 20 世纪 70 年代，我在北京紫竹院吴图南大师拳场学拳。一天上午，拳场来了一位三十多岁的练家，他略胖，圆脸，身体结实，看上去有些功夫。他的小腹隆起，丹田功练得"不错"。他向吴图南大师说欲向大师学拳。吴大师正在吸烟，他以拿烟斗的右手背敲敲这位求学者的小腹，然后说："你不想活啦。"我听了有些吃惊。那时，笔者练功时也"意守丹田""气沉丹田"。大师告诉在场的学生们，太极拳的呼吸以腹式呼吸为好，腹式呼吸顺畅兼有养气之功效，对保健养生有益。事后多年，笔者见到嵩山少林寺素喜大师之弟子德泷法师，他是佛学家、道学家、中医学家、中药学家、针灸学家、养生学家。向他请教丹田修炼法，他说，丹田应该是空松的，"练气不存气，练意不存意，练劲不存劲，练血不存血。"总之，意守也许不是习武的最高境界。有兄弟拳种的名师教授弟子"意守丹田"，人家有人家的道理。笔者认为，丹田"四不存"为上乘之法，故循之修炼之。太极拳大师杨禹廷传功"用脚呼吸"，笔者认为是最佳内功，而他的小腹是一个空洞，扶之飘起，六神无主，这是收腹之功效。

四、腹股沟

小腹左右两侧各有一条向下走向的沟，此沟名为腹股沟。

腹股沟对吴式太极拳的身形、重心的变转十分重要。吴式太极拳的特点之一是重心，以一条腿支撑，两脚双重仅仅是瞬间的过渡。弓步和坐步，为单腿是实脚，不着力的为虚脚，功法规范不能虚实不清。拳法要求，弓、坐步"三尖相对"，即弓膝不得超过大趾甲根部，鼻尖上下相对。脚尖、膝尖、鼻尖成三尖相对之势，尾闾"坐"于坐步后脚跟部位。这个动作难度很大，只有吸松腹股沟方可准确完成这一动作。

太极拳大师杨禹廷练拳和教学示范时，动作准确且十分严谨。底盘功夫令人赞叹，极低的坐步和弓步，膝从不过鼻尖，动作准确到位。通过坐和弓步的训练，要习练腹股沟松功。

腹股沟的操作极为简单，弓步过渡到坐步，坐步转变为弓步，关键功法在于吸收腹股沟。此功很少有人传授。从拳照上看，有些拳人屈膝时腹股沟、小腹是平直而下，而膝屈过凸，超过足尖。此膝陈式太极拳大师陈照奎称为"跪膝"，跪膝是病，日久伤膝、毁膝，走路都很困难。他们没有练收吸腹股沟，靠膝支撑身体的重量能不伤膝吗？

20世纪70年代跟吴图南大师习拳时，他看我走路有点异样，便问我："小祝，膝盖不得劲吗？"

笔者只是点点头。早些年没老师又蛮练，跟邻居学练古老太极拳，练长拳、举重、双杠、游泳等项活动，还长跑、短跑过，没人讲生理卫生常识，只是累两个膝，日久练出伤来。后来练太极拳，跟着杨禹廷老师习练83式太极拳。膝不过足尖，找到了双膝不再支撑全身重量的最佳方法；进一步悟出"收吸腹股沟"对膝、鼻、足尖的三尖相对很有辅助作用，而腹股沟收吸自如，对全身也起着难以估量的作用。基于此，笔者在收吸腹股沟的功法上下过一番工夫。笔者深深体验到，收吸腹股沟是习拳、推手的重要一环，故称为前中心，绝不虚言。

五、胸

胸部放松有关周身松之大局，拳论有"胸腹松净气腾然"

之说。胸松的操作难度很大，如何习练松胸是极为重要的拳法。含胸可以吗，不是不成，前人有"含胸"之说，但我们对前人的身法理解不透。练含胸者，又都松不下来，从外形可以观察到两肩前倾或两肩前合，胸部仍松不下去，一触即滞。

胸部放松与松肩相关联。在胸部放松时，含胸动作把握不准确，影响背部的放松，胸背不松，影响周身松净。笔者认为以展胸为佳，展胸与松肩、垂肘同时进行。如此操作胸部仍然不净，这时应轻吸胸肩之间胸窝的部位，胸部自然展松，听劲有追不上的感觉，似有一个深洞。

杨禹廷大师胸部是一个摸不着的无底大深洞。一展一含，以展胸对初学者更能接受。注意展松胸一定要与松肩相配合，肩与胸之间要有轻灵之感，胸部松静的拳艺会使初学者更易于操作。展松胸部有宽舒之感，气沉至双脚打开一条胸部的通畅之道，便有空胸之感。

空胸松胸从体用双修实践，都是顶尖的拳法。胸松不开而憋气，影响呼吸顺畅；推手不松胸只有受人制，无法与对方较技。记得30年前，我双手放在杨禹廷大师胸上，立即脚空、身体上浮、六神无主，有被发打出去的恐惧感，只得伸手去抓可抓的东西，以保自身的安全。这时大师伸手将我拽住，然后笑着说："咱这是玩艺儿。"大师经常教导后学，习练太极拳不要动意。太极拳的结构十分严谨，似钟表的表心，一环扣一环，丝丝相扣，阴动、阳动时开时合，周身上下内外不放松就无法行拳，胸紧气就下不去。

松空胸部操作并不难，起始习练套路时，要时时势势提醒自己，胸部不要挂力，肩以下胯以上的胸腹部位一定要放松。势势如此，空松胸腹是很有可能的。空胸与收左右两个胸窝相关连，不收胸窝，胸难以松空，胸和胸窝是密不可分的两个方面。

六、胸窝（左右两个部位）

在展胸的同时，注意肩向前下的走向有一个弧形凹线，笔者称之为"胸窝"。胸窝在太极拳的整体综合身形训练中十分重要。

在太极拳典籍中，笔者还未见文字记载。有拳友介绍，孙式太极拳创始人孙福全先生曾说过，"似往胸窝处注水"，对此，未见文字说明不敢妄加评述。但是，胸窝修炼是不可忽视的部位。此部位对于稳固上身十分重要。例如对方以拳、掌推我胸部左右部位，胸窝回收，对方即扑空失去重心。

修炼胸窝松功操作简便，只是以想左右胸窝吸收即是。配合上肢动，凡两臂向前伸的动作时，胸窝向回吸收，天长日久内功上身。最佳习练法是每天练拳时，时时注意胸窝的吸收。

七、背

背与空胸相辅相成，胸空，背部自然圆活。背要圆，称圆背，似龟背，空腰、圆背相关联。松腰即空腰，脊椎节节自然上拔（拔椎节不要加意念，一定要自然上拔，有意去拔，意大不妥），是督脉自会阴穴上至百会穴的自然走向。松腹、空胸、圆背、空腰，脊椎节节上升，几个部位相互牵联，不可孤立。

拳论有"牵动往来气贴背"之感觉，"满身轻利顶头悬"，周身能松静下来，脊椎有热胀感，有粗壮感，在背部找到太极拳的"味道"，太极内功从背部显现出来。有的拳家体会到"力由脊发"。如果说克敌制胜，空胸、圆背已经严重威胁到进攻者的重心，没有重心只能等着挨打，无还手之技。进攻者长手还是短手，触到松功上乘者的胸部，似落入陷阱，深不见底，对方将被吓得不敢进，不敢退，更为僵滞。

请注意，圆背是练拳过程中周身松空而得，不是单练此功，单练难以如愿。空胸、圆背有关联，不空胸难以圆，请在练中体验空胸圆背之妙。

八、颈

虚松胸、腰、背之后是"十要"的上端，要松颈部，松颈部也称弛颈。

弛颈以灵活头部，有"猴头弛颈"之说。不要刻意"竖腰立项"，如此意大出力，影响空腰、圆背，不利于周身放松。颈部以自然虚松为好，为了找到弛颈的感觉，以收下颌、两眼平视为准。

太极拳松功是综合人体松柔、松空、松无的大工程，牵一发而动全身，一处僵紧，全身皆滞，推手、技击定受人制。周身僵紧对于修炼拳架亦无补。如果周身松功功成，可以逐一松柔单一部位。但是松功是太极拳内功，一个部位、一个关节不能显示周身的松功水平。

有一次接待一个美国武术代表团，一位美国练擒拿多年的女同道，她用臂弯紧紧锁住我的脖颈，然后紧紧收力，如果单单放松颈部难以解困。笔者及时松脚，空松胸背，她后背着地躺在地上。

先贤对周身松功的要求是"无形无象""全体透空"。进一步要求太极拳修炼者周身上下达到"关节要松，皮毛要攻，节节贯串，虚灵在中"。笔者在修炼中有深深的体验，以此四句拳诀作为太极拳修炼的要点为宜。

第八节　修炼阴阳顶

太极拳人应有两个顶：阴顶和阳顶。

"精神能提得起""虚领顶劲""顶头悬"等顶的方法使初学者难以掌握。

腰、背、颈部紧张僵滞，不利中枢神经系统对全身各个系统和器官的调节。头部僵紧不利于脑平衡，心脑僵紧影响全身放松。对初学者来讲，拳法简单易练为好，顶上以虚灵精神为佳。使顶上有虚灵的感觉，将精神意念虚虚地想象在顶上已经够了，不要再去"提""领""悬"，使头部自然虚灵有神即可。对于修炼多年的练家，能做到顶上虚灵，自有一种新的感觉和"味道"。

关于顶的修炼是很吃功夫的，用力不成，用意也不十分妥当。"竖腰立顶"也是拳家提倡的，但一竖一立，腰、背、颈三个部位皆紧，胸也憋闷。笔者多年修炼太极拳，也在顶上下过一番工夫。像精神能提得起的"提"，顶头悬的"悬"，"虚灵顶劲"的"顶"，均不利于初学者对顶的认识和理解，也难以操作。

在行功时，取虚灵顶劲的"虚灵"，精神能提得起的"神"，顶头悬的"顶"，以"虚灵神顶"修炼。在操作中，顶上要虚虚灵灵，轻轻松松，顶的虚灵状态是将精神放在顶上，为上乘功法。

笔者在太极拳修炼中，均以阴动、阳动行功。在阴阳动的变动中，阴动行功中顶上的"百会穴"部位发热，百会是拳论中论及到的顶的位置是对的。但阳动行功时，百会部位的热感消失了，而前顶的囟门部位发热，悟到顶与其他部位一样，同为"阴阳相济"。为了深入研究顶分阴阳的拳理拳法，我查阅了大量的资料和拳经，又查阅了《中国武术大辞典》，未找到阴顶阳顶的例证。

在王宗岳的《太极拳论》中，有"阴不离阳，阳不离阴，阴阳相济"的经典论述。既然人体是太极之体，"一处有一处虚实，处处总此一虚实"，为什么顶的虚实只有一个百会穴呢？太极拳讲阴阳变化，阴阳之母，动静之机，动之则分，顶难道不存在阴阳之母、动之则分吗？顶与周身各个部位一样，同是阴阳相济，动分阴阳，故太极拳人不是一个顶，而应为两个顶，一个阴顶，一个阳顶，阴顶部位在百会穴，阳顶部位在囟会穴。

在太极拳训练中，应注意阴阳顶的修炼。阴阳顶在推手、技击中运用也是上乘拳法。顶在人体生命科学中占据天位，天位是居高临下，俯视周身内外的至高无上的位置，顶为周身上下内外的主导，虽然不像腰的重要，腰为轴，腰是"三军司令"，顶是腰的"太上皇"，周身上下协调统一，顶应该是逐一协调统一的总调度长、总协调员，顶滞周身僵，请同道在修炼中去体验。初入拳场，绝对不能忽视顶的修炼，顶上有神，虚虚灵灵，阴顶阳顶变转自如，有望达到功成。

第九节　阴松和阳松

一、松功习练

　　什么是太极拳的松，怎样操作松功呢，找不到一个满意的答案。于是查书找典籍，书海无涯，苦寻细查，在松的章节里，不是躲躲闪闪，就欲说又止，没有答案，苦恼之极。在公园遇上一位松功论道者，说得条条是道，听得津津有味，等着盼着在对方身上听劲摸一摸，邦邦硬，大失所望，又去兄旮寂寞练功了。以后进入京城松空大师杨禹廷的门槛，登堂入室听老拳师的劲。太幸运了，太幸福了，知道了什么是松，在老爷子肢体上听劲，不但知道松是什么味道，进而明白了空，什么是空，什么是无，以手摸到老师身上，什么也摸不到——没东西。杨禹廷老人坐在椅子上，不去理他，他是一位普通老人，想去理他，或者要走近他，有了前进的动意，他注意你欲向前走近他，他看看你，你再往前迈步，坏了，前脚迈出后脚抬不起来了。令人兴奋，又进一步认识和理解了松功在拳艺中的作用。

　　对方看着你，为什么抬不起脚呢？令人百思不解。以后请教过马有清先生。他认为"松功修炼，先心意松，然后肢体松"，马有清先生是杨禹廷、吴图南二位大师的双传高足，传统太极拳的研究造诣颇深。

修炼太极松功，先心意松，后肢体松，是一条大道。深研松功者首先要改变思维观念，不要一味在肢体上找松劲，单单心意放松还不够准确，要心、神、意、气放松，头脑也要放松，然后肢体才有可能放松下来。

二、阴　松

在太极拳场，练拳谈松者比比皆是，练拳追求太极松柔功夫是很自然的事。拳论曰："极柔软，然后极坚刚。"柔软是什么，是松。松有阴松，阳松。阴松是什么？阴是隐，是虚，是空，是开，是静，是柔软，是虚灵，是舍己从人。

从50年代始，上海各个公园习练太极拳的人很多，可以用蓬勃发展来注释上海群众性太极拳活动。早晨在外滩，有数以百对人在推手，因为人多，跑到马路上推手，互相研究不能用力，谁出力谁错。北京各公园练拳推手的人很多，许多太极名家高手也多喜爱到东单公园、正义路街心公园以及天安门广场，因为这几处可以骑自行车，聚也容易散也方便。在北京从街心公园到各大公园，凡习练推手者无一不在松柔推练，谁出力便自知错了，动则谨防出力，松柔拳艺研究之风盛行。

当今太极推手活动，用力劲推者居多，松柔轻灵者少见。在推手者中，有追求轻灵松推者，此松一般均为阴松。本来在太极拳理论和拳法中，多以拳论为理论基础。拳论云："太极者无极而生，阴阳之母，动静之机也。"只要练太极拳、推手、技击，动静都以阴阳变动为本。但谈松论道时，多以一个

"松"字言之。当前太极拳圈内谈松论道,仅一"松"字说教,这个"松"字是阴松还是阳松,说不清楚,学习者也犯糊涂。苍穹宇宙从无到有,天地大太极,人身小太极,动静阴阳变转缺阴不生,无阳不长,太极拳怎么只有一个松呢?太极拳习练者的松,仅仅为阴松的拿、化技艺,将对方发放出去,不是阴松所能完成的。

拳论《十三势歌诀》云:"变转虚实须留意。"如何留意呢?"其根在脚",以脚下的阴阳变化为理法。如对方攻来,空接对方,松脚收敛入骨,对方被拿起来或是将对方来力化掉,这是阴松的效果。松中有阴阳无须讨论,这是太极拳之真理,只有在练中去体会,悟中去体验。如果你在习练中不知阴阳,请你不要练,练也是以力强努,盲练白搭功夫。在练拳行功时,阴阳变动全在脚下,"其根在脚……形于手指",手上绝对不能挂力,否则难以在拳里体现阴阳变化。

三、阳　松

太极拳技艺从理论研究,讲究"动之则分,静之则合"。动之则分,分什么,分阴阳;静之则合,合什么,阳为合。阳是什么,阳是意之显,是实,是有,是合,是动,是坚刚,是发放。

传统太极拳 83 式是杨禹廷大师的定型拳架,83 式分为326 动,就阴阳变转而论,又分为 163 个阴动、163 个阳动。当今习练太极拳者不明阴阳者较多,他们像练体操或别的什么拳,不把阴阳当回事。立志练太极拳者必须知拳之阴阳,练明白拳,操明白功法。知道阴松如何操作,阳松该怎样处理,对阴阳变化心知肚明，再练太极拳便有了阴阳变化的"味道"。

阴为拿化，阳为发放。有了阴阳变化功夫垫底，再去推手，阴阳变化自如，胸有成竹不会再走弯路。阴阳在修炼者身上有什么反映呢？对方可以感觉到拿、化、发、打。自身的感觉，也称"身知"或称"身上明白"，能摸得着看得见的是汗毛。人体在阴松的状态下汗毛是顺爬在臂上。阳松便出现奇迹，汗毛和短发竖立起来，轻扶汗毛有硬度，如果心里想去按，汗毛有扎灼感，似身竖利箭向外飞刺。

太极拳人的太极内功到深层境界，身上有了阴阳变动，便是具备了太极拳的体能。体能应该视为"关节要松，皮毛要攻，节节贯串，虚灵在中"。以拳论诠释太极拳人的体能最为贴切。笔者在北京和平里群众活动区教学，一位女教授突然发问，"什么是'皮毛要攻'"？笔者解释说，"人在习练太极拳进入松空状态后，阴阳变化在人体中的一种反映，阳松汗毛可以竖立起来。"我问学员们想看吗？都说想看，于是人们围拢上来。

当时是炎热酷暑盛夏，稍动则大汗淋漓，身上的汗毛被汗水浸湿伏爬在前臂上，肢体不松净体能难以显示出来。待周身动分阴阳之后，汗毛都竖起来。拳友中发出一片"呀"之声，不断啧啧称奇。以手在汗毛尖上来去轻捋，有挡手之感，欲往下按时，有人喊着："扎手。"

四、太 极 点

什么是太极点？指太极拳修炼者身体的某一部位，都有一个点，这个点是拳论说的"阴不离阳，阳不离阴，阴阳相济"

的太极点。太极拳修炼者的肢体表层都应该具备太极点。

早在 20 世纪 60 年代，最早说到"太极点"的太极拳家是马有清。他说，"太极功夫松得好，身上有了太极点，推手、技击点点具打。"后来请教杨禹廷大师，他说："功夫越深点越小，我老师的点似绿豆。"禹廷大师武德高尚，他从来不说自己身上的点有多么小，一问就说"咱不成"。可是一在他身上听劲，似乎没有点，摸在哪里哪里空。

经过多年的太极拳修炼，"太极点"的研习自然显现出来，进而可以研习太微拳学。在打拳行功修炼中，不要大把抓，张开五指伸出大巴掌，很难把握"举动轻灵"的功法。其实，太极拳的整体套路中拳并不多，而主要功夫在掌。太极掌又不可以大把抓，以手指为行功的单位。一个巴掌大把抓永远也练不好太极拳，曲指、半握拳也难以练出功夫。杨禹廷大师要求练拳时，"手要平不要挂力"。从小指到拇指，每个手指有每个指的功能。小指主管下落和回捋，无名指起引领作用，中指为中正，食指绝对不能用力，只管轻扶，拇指为自家中心。请注意在练拳、推手、技击动作时，手掌及五指均不可用力。

关于太极点的习练和运用，严格说应该具备体能和松柔内功之后方可能得心应手。"点"的习练和运用并不难求也不复杂，而且易于操作。在太极拳阴阳动套路中，阴动的起点是阳动的止点，阳动的起点是阴动的止点，往返复始。庄子说，"物量无穷，时无止"，生命运动永不停歇。在动作的阴阳变动中，在手的食指前设计一个"虚点"。阴动手回捋，虚点随手指进，实手向前时，虚点在食指前方退。结果，实手向前追不上虚点，实手后捋，虚点追不上实手。开始操作，食指可能有力，虚点有意，久之，虚点意去，食指力退，成为自自然然的功夫。

太极点在推手、技击运用中，接点不接面，打点不打面，变化万千，奥妙无穷。

五、修炼松功的检查

修炼松功，周身上下内外是否真正放松下来，要进行检查。检查分为两部分，第一步为自查，第二步为他查。

（一）自查

首先要检查太极松功理论的学习，研究什么是太极门松功，对太极松功的认识和理解，以及习练太极松功的部位和操作方法。

人体支撑身体直立的骨架，是人体中的栋梁，是人体结构器官中最为坚刚的物质。必须将骨骼训练得不失其坚刚本质，又要适应太极拳阴阳虚实之需要。首先训练骨骼能符合太极内功的松柔、松空、松无之要求，第一要训练的是骨骼之间的关节。人体脚关节以上踝、膝、胯、腰、肩、肘、腕、手等九大关节，趾为左右脚共 26 个小关节，手指左右是 28 个小关节，每个大关节都依次松开。人体活动，依靠这九大关节和 54 个小关节的灵活方有可能使人体动作运转正常。太极拳修炼讲究松柔，只有关节放松，且节节贯串，身体上下才有了灵活性。这个灵活性不是常人日常生活中的屈伸转动，而太极拳各个关节的灵活性，指带内功的不被人所制约的灵活性。深层解释是，关节的活动经过训练在阴阳变转中的灵活性，各个关节不带有"力点"的灵活性。自我感觉各个大小关节都放松开，筋、骨、肌肉都不"叫劲"，随意肌放松运用自如，而不随意肌也放松不僵紧。

（二）他查

如何检查你的太极松柔圆活性呢？例如你的关节被对方反拿，此时常人的反映是以力反抗或逃跑。被对方拿住反关节，逃跑是不可能的，反抗也是无益的，只有按对方的意志，或蹲、或跑、或倒，或弯腰认输，任何用力于事无补，只有失败得更惨，不信可以实验。而具有太极拳阴阳变化中的灵活性可以解困。解困的方法是你成年累月，一秒一分的修炼，从脚到手大小关节一节一节的松。当然，大小关节松得一丁点不挂力，更为上乘。

请一位同道好友对你推、拉听劲，一切来力都作用在你的身上，如果你的周身上下内外仍处于僵紧的状态，还须在拳法上去修炼。修炼一段时间后，双方各掰搬对方的反关节，所用的劲力在对方关节部位失效，证明你的周身具备了带有阴阳变化中的灵活性。这一内功可以随时检验。对方的手或轻或重，或扶或推到你身上，都反回到对方的接触点上，手上或腰、脚部位，证明你已经把握太极内功的中上乘功夫了。

松功修炼上一个层次是空和无。空是“全体透空”，无是“无形无象”什么也摸不到，手在对方身上所能摸到的一个空松点——就是在对方身上听劲，在手所触及到的接触点是个空无点，什么也摸不到。

还有更为神奇的，太极修炼松功好的，在他身上摸不到骨骼。一般太极功夫者接手，在接触点上透过毛皮肉筋顺畅摸到对方的骨骼，松功“全体透空”者，想摸到他的骨骼是困难的，可惜这具有太极松、空、无功夫者社会上很少见到，若想见到，也要随缘分。我们修炼太极拳应该知道有这种松功太极人存在。

第十节　安舒中正

凡是练家均明白"中正安舒"之拳理，但有的练家不重视修炼，以为身体站立正直、双目平视便做到中正安舒了。

站直是对的，是否安舒中正待研究。中正是外形，内求安舒，安舒指心神意气，中正和安舒是相辅关联的内外双修的方法。尾闾中正，还不是安舒中正，安舒中正应以心神意气的安静，精神放松，影响外形的体净。体净表现在练拳盘架的行功中的中正安舒，静中的中正不一定在动中能做到安舒。在太极拳的训练中对身法的要求是极严格的。太极起势的无极状态中，要求练家站立中正，从脚到顶，踝、膝、胯、腰、肩、肘、腕、手等九大关节要放松，且虚灵，称为"九松"。身上的随意肌和不随意肌群都一一松开，这要花一定的时间去自我调整，有时还需在师长纠正下去完成。

拳论要求，"立身须中正安舒，支撑八面"。静立比较容易，动中就比较困难。盘拳行功在拳势的阴阳变化中，重心变转不到位，往往出现身形左右歪斜，有前俯、后仰、凸凹、断续、缺陷之病。这是因为心神意气僵紧之过，要调整心态，顺畅呼吸，恢复心神的安静。练拳是周身放松重要的训练法，练家一定要重视练拳。练一套拳、一段拳或练习单势都可以，注意势与势之间的阴阳变转，又称为阴阳接头。重心脚与顶上下成为一条线，以保持立身中正。正，可以按照"九松""十要"之要求站无极桩。站桩，心神意气易于放松。站桩、练拳、双人对练推手，顶上虚灵有神，绝不能忘，绝不能丢。

身形的中正是心神意气安舒的反映，中正和安舒是互相依存的，要随时调整心态，安舒心神，在静中、动中均保持中正安舒才能练好太极拳。

身形的中正，由心、神、意、气的安静为基础，体内心、神不静，外形的中正难以寻觅。对身形称为"安舒中正"合理准确，因为先有体内的安舒后反映到体表的中正。安舒中正和"立柱式身形"结合在一起修炼，发展身形中正的理论，才提出身形内外的"三不动"原则。

在武术圈子里有句俗语"低头猫腰，功夫不高"。为什么行功时低头猫腰，因为没有注意身形的训练。吴式太极拳承传下来的身形保持中正，取名"立柱式身形"。

"立柱式身形"是吴式太极拳特有的拳法，经过杨禹廷大师八十多年的实践运用，证明是符合拳理拳法。顾名思义，立柱式，是身形像一根柱子立于地上，"立柱顶千斤"，取其稳固、抗重压之意。操作很简单，讲了易懂，听了易学，自己易操作。

太极拳十分讲究重心，反对双重。太极宗师王宗岳在《太极拳论》中说："每见数年纯功不能运化者，率皆自为人制，双重之病未悟耳。"双重是病，太极拳运动中的病态。陈式太极拳大师、著名太极拳家陈照奎先生，总结出太极拳习练"五十病"，第四十四即为双重之病。

陈式太极拳宗师陈长兴先生素有"牌位先生"之雅号。从他的雅号，我们可以想象到，大师盘拳、推手、技击身形始终保持中正，否则不可能是"牌位"。立柱式身形优于双重身形，取重心脚的单腿重心，即左脚或右脚重心，脚、腹股沟、顶，上下一条线。立柱式身形可以直观检查，是看得清楚的。立柱式身形，是足尖、膝尖、鼻尖的"三尖相对"功夫，可以经常习练坐步和弓步，或习练"搂膝拗步"和"倒撵猴"。注意在虚实腿的把握中，虚脚要虚净，所谓"虚净"，是虚脚一点力也不挂，通常说的"一羽不能加"，脚后跟虚轻轻落地，脚趾上扬。实腿实足，将全身的重量由实腿支撑，成坐步或弓步，三尖相对，脚绝对不能踩地，应平松落地，取"双轻"功法为佳。

弓步变坐步，实脚松虚到顶，虚脚被动虚起，在实脚内侧虚靠后过渡到向前变坐步。此时虚脚隔位斜出 30°，脚后跟虚着地，脚趾上扬。坐步变弓步亦然。立柱式身形在太极拳整体拳法中占据重要地位，前进、后退、左顾、右盼，是很灵活的。但一定要注意，在虚实腿减加法的变动中，胯保持松空状态，不可加入虚实腿的变动，有胯便添乱，使腰腿僵紧。

第十一节 三动三不动

三动三不动，是笔者多年修炼太极拳从实践中悟到的重要原则。太极拳的行拳多以被动运行，不采取主动出拳。太极拳的拳理特性，是"引进落空""舍己从人"。李亦畬大师在"身灵"功法中说，"从人不从己，由己仍是从人。由己则滞，从人则活。能从人，手上便有分寸"。

大师一席话，胜练五年拳。先辈大师给后来学子说拳，似站在我们的面前，将拳理掰开了揉碎了，反反复复讲道理。大师"从人则活"的拳理，说通俗些，是练太极拳不得主动行拳，而是循太极拳的规律，被动而行。也就是笔者总结修炼内功的三动三不动。

一、周身三不动

习练太极拳一不要有动意，二不主动，三不妄动。

笔者在学拳过程中向多位太极拳家请教过，尽管他们练不同门派，但众口一词，练拳和推手不要有动意，动意大心神和躯体便僵紧。太极拳习练，举动轻灵是拳之规律，不可僵紧。习练过程中不要有动意，还要注意管住自己的身形不要乱动。

具体指肩以下、胯以上在行拳中绝对不可主动和妄动。前进、后退是脚腿的阴阳变转，不是身躯的向前后退，潜意识和意念都不可有前进和后退。

习练太极拳是很艰苦的，不是练拳苦，而是必须遵循拳理拳法，按阴阳学说规范的动作行功，循规蹈矩，不得有随意性。每动一次，都要动分虚实，阴阳变转，举动轻灵，这是太极拳的规律，也称为规范，太极拳的每一个动作都由规范管着，不得有半点逾越。

练拳、推手、技击三不动，练拳、推手最忌动意在先。在推手、技击实战运化中，最忌主动上前、主动后退、主动出击，妄动化解来力。遇对方来手，不管长手、短手，为了早些摆脱困境，妄动其身，摇头摆尾，闪腰挪胯，恰似武禹襄大师在《十三势说略》中指出的身上之病，"缺陷、凹凸、断续"，身形散乱、求胜不得、失去信心等等弊端。

在行拳操作中，全然不知动中求静，后发先制之技击要素，也不去体味动静相兼的"一处有一处虚实，处处总此一虚实"之拳理，不顾阴阳变化之规律，而主动、妄动，不是求内部的自然运动，破坏自身的平衡，没有平衡不攻自破。

在行拳过程中，不可有动意亦不要主动，在阴阳变化中求内部的自然变化，而循拳套路的规律而动。例如，在弓步变坐步时，虚腿变实腿后，实腿要实足，一条腿足以支撑全身，这是吴式太极拳特有的"立柱式身形"拳法。实腿变为虚腿后，要虚净，虚腿虚净，脚尖自然逐渐上扬，脚后跟虚着地，虚腿空虚不挂力，才算完成了腿部的虚实变化。如果过于急躁，虚实突变，功夫不会上身，不如不练。

笔者到江南某市讲学，一些拳友请来一位老师，在一饭店欢聚。席间一位学生将请来的老师按在坐椅上，请教老师如何不用力能站起来。这位老师晃动上身，下肢用力蹬地，挣扎欲起未能成功。东道主询问笔者，请教如何解困。笔者认为老师犯了先有动意、主动、妄动之忌，使自家内外僵紧，失去阴阳平衡，是绝对站不起来的。问可试验吗，笔者请他们中一位大力士来试，初始也学邻桌的那位老师主动、妄动想站起之状，均被对方按住。然后笔者讲解三不动拳理拳法，对方再也按不上力，脚下失去重心，没有根基，自然离开接触部位，笔者自然而起。在场观看者咂嘴称奇。太极拳的层次性极强，修炼不到上一层次，很难以理性、感性了解和体验到上一层次的功法。

陈式太极拳宗师陈长兴之所以有"牌位先生"之美誉，就是具有身形"三不动"之范本。因为陈长兴大师练拳、推手和技击，身形保持中正，可称为在阴阳变化中的松柔动态运行艺术，甚为好看，得此"牌位先生"之雅号是当之无愧。

二、手上三不动

手上三不动，即在盘拳、推手、技击中，与对方接手时，在接触点上要不动、不丢、不顶。不动，是太极综合功夫中定功在手上的反映。不丢，遇障碍和对方进攻，自己的手以中定，定之不回手，即不丢。不顶，手上不要有力硬顶住对方进攻。手上三不动是笔者在多年修炼体悟中身上三不动功夫延伸舒展到手上，是太极拳周身上下综合功力在手上的反映。

请听先贤对手上三不动的论述：

"能从人，手上便有分寸""挨何处，须向不丢不顶中讨消息"。手上三不动是行拳一阴一阳修炼而得。实际操作也要周身松空之后，出手不能有力，似蟋蟀的触须，身上也不要挂力，脚下松开，才有可能做出手上的不动、不丢、不顶。不动是中定，亦可以说阴阳平衡，周身内外相合，上下相随，松空腰胯，身上可以出现中定功夫。中定是阴阳平衡在双方接触部位的反映。

可见，手在太极拳整体拳艺中占据十分重要的地位。但是手和身体一样，在太极拳套路或在太极推手、技击中是不主动动作的。严格说，拳艺规范手上基本不动或小动、微动。有这么一句口诀，"大动不如小动，小动不如不动"，不动是大多数太极拳深研者的共有的认同。也可以如此诠释身体和手，身体指肩以下、胯以上部分，在拳的套路和推手、技击运动中，身躯是不动的。手在盘拳、技击中，以小动为佳，或是不动和被动。

三、手动脚不动，脚动手不动，手脚齐动

在太极拳的体用结合实践中，在大多情况下，均为手动脚不动，脚动手不动，只有在特定的环境中，手脚上下同时运动。所谓的脚动，应是左右脚重心的变转，不是前后的迈进和退回，也不是左右横移。

以吴式 83 式拳抱虎归山式为例，共有 4 动（单动为阴，双动为阳）。

1 动：两掌前伸（手动脚不动）。

2 动：两掌展开，面东渐至面南，右臂从向东渐向南渐至向西，运行 180°（脚动手不动）。

3 动：两掌上掤，左右腕面前上方交叉（手脚齐动）。

4动：两掌交叉下落，松肩垂肘，两腕与肩平（手动脚不动），屈膝双腿坐式（脚动手不动）。

以手动脚不动，脚动手不动，手脚齐动之拳法练拳可以练出功夫，这种习练法可称为手脚上下相随的拳法。太极拳阴阳变化、虚实开合、松空柔化的味道出来了，令人陶醉，乐在拳中。此拳法在推手、技击中运用也是上乘功法。如脚动手不动推手：双方接手后，防方在手接触点上，以中定功法坚持三不动。对方进攻，防方脚动手"中定"不动，弓步变坐步。对方攻多少，防方退多少，如攻一尺退一尺，攻二尺退二尺，对方定步进攻已到极限，此时防方脚不动手动，回捋一寸对方都失控。此拳法双方可试，极为灵验。

"三动三不动"拳法不是哪一位大师凭空想出来的，是经过几代拳人的努力，在实践中摸索总结出来如此符合拳理、符合老子"道法自然"的拳法。

从明、清到民初，太极拳理论著作颇多，但修炼功成者凤毛麟角。原因之一是修炼者很少去研习拳理，只是在拳场上练来练去，不明"太极功夫在场外"的道理。不去研究拳之结构，不是读书明理，不接受"三动三不动"真谛拳法。练拳时摆头翻臀，身形乱动不稳，上身主动、妄动是拳之大忌。

第十二节　意识的改变

在传统太极拳修炼中，凡深研者在修炼的过程中都会遇到动意、意念、意识和潜意识这些心、神、意、气的东西。它们是习练中的障碍，还是帮手？如果是障碍，能不能甩开它们，进行无障碍修炼，而多用帮手来增强修炼质量，早日摆脱本力的困扰，达到内功功成的境界。

一、动　意

太极拳教练、老师经常教导从学者手怎么伸，腿如何抬，动作中注意意念。以太极起势为例：第一动，松左腿，实右腿，从左右两脚重心向右移为右脚重心。这么简单的几个动作，教练告诉你，"向右移为右腿重心"，这便是"动意"，此动意是"向右移"，这个动意是在"向右移"重心时埋下的。以后多年习练太极拳套路，反反复复做太极起势第一动，向右移为单腿重心，你练拳年头越久，你向右移动重心的次数越多，你的意念、肢体养成一种全身向右移动的习惯，一种难以改变的习惯。可做一个试验，你在做向右移动重心、双脚重心向右移动为右单脚重心的动作时，请一位托儿所大班的小朋友手扶你的左胯向右推，只见小朋友轻轻一推，你便站立不稳向右倒去。为什么？因为你经常以动意指导你向右移动重心，双脚重心变右单腿重心，经常不断以动意支配你的行动，使你从心脑到肢体行为养成向右移动的习惯动作，使你向右移动重心，右腿（脚）便没有了重心，一触即倒，这是动意在心脑、肢体中作怪。

在双人推手中，动意在人的头脑中占据主导地位后，全身都打不开，不输才怪呢。二人照面，双方都生出动意来。一是怕对方将自己推出去，二是想将对方推出去，心里想着一怕一推，这是动意，身上便僵紧得似一根棍，不堪一碰，难禁一推。朋友们可当场试验，二人相对轻松而立，四手相接，要轻接触，心脑不设攻防，互相不干扰，相互不触及对方，二人相安无事相接而立。一方心里想推对方，只是想推，不要有任何动作，腰及周身便紧僵起来。如果真以动作推击对方，对方仍保持轻松站立状态，推方腰紧体僵，定要自己被击出。然后再交换推手位置，这种试验是很灵验的，有动意，躯体四肢僵紧是绝对的。

试验结果表明，"动意"是拳和推手中的障碍，修炼者要避开动意这一行功中的障碍。有了这种想法，修炼者在思维观念上有了飞跃，改变了习练太极拳的固有观念，这是一次了不起的"换脑筋"。若想在太极拳领域中探求个深浅，用常人的思维去想，用常人的眼光审视，想上几十年，看上几十载，什么也想不深，什么也看不透。要解决太极拳无障碍修炼，不改变思维方式是难以办到的。身形三不动首要的是，不要有动意，练拳、推手均不要有动意。太极拳术语，大动不如小动，小动不如不动，不动先要心脑不动，也是说的不要有动意。

二、意　念

传统太极拳离不开"意念"。在太极拳书里，讲拳的每个动作，最后总要注明视线和意念。太极拳的意念和气功的意守不同，拳的意念不是固定在一个点上，随拳势行功推进，意念随阴阳变化在左右手上变动，而气功意守在一个固定位置上。

意念原出自武式太极拳家李亦畬大师的《五字诀》中，他指出："须向不丢不顶中讨消息。此全是用意，不是用劲。"以后近百年，太极拳爱好者口头传播，为了上口劲字改为力字，成为当今的"用意不用力"，合辙押韵，上口好记。气功家意守丹田的意，跟太极拳的意，不同之处是静意和动意之分。例如吴式太极拳的"揽雀尾"，1动（阴）左抱七星，意在左掌掌心；2动（阳）右掌打挤，意在右掌掌心；3动（阴）右抱七星，意在右掌掌心；4动（阳）左掌打挤，意在左掌掌心……意和动意似河水、海水难以量分，初学者动意大，在教学时将"意念"改为空何处。

以"揽雀尾"为例，说明意存在于太极拳的动作之中，不论阴动和阳动，意始终在掌中起着重要的作用，不阴不阳不成其为太极拳。可以肯定行功盘拳用意不用力，是非常准确的拳法。用意不用力是近一二百年来先贤宗师不断在实践中演练、从实践中得出来的真知，是真理性拳艺。在拳场上多见刚踏入拳场的初学者，还有不少资深的练家，练来练去内功不上身。他们操作准确，没有不规范的缺陷，究其因是在把握"用意不用力"的方法不够准确。就因为不准确，所以周身松不下来，内功不上身。而最重要的原因还是对"动意"和"意念"两者区分不清。拳龄浅的朋友难以将动意和意念分清楚，动意是意念，意念也是动意，结果仅留下动意。练拳操作中，意不要大，也无须过重。想得过多，拳也无法练下去。

动意是什么？是僵，是紧。太极拳的拳理拳法是松柔、轻灵，在习练中渐渐退去周身本力，从而使身心内外双修，达到周身全体透空的境界。相反，僵紧的终极是周身各个关节"焊死"，肌肉紧张，心态急躁，练来练去周身不放松，盲练一场白搭功。

笔者认为，初学者或练拳多年尚未把握"用意不用力"的练家，不要刻意去用意行功，松着练，潇潇洒洒，在有意无意间行拳，也许会收到意想不到的效果。

三、意识和潜意识

意识和潜意识是一个问题的两个方面，原是分为两个问题叙述，为了说理方便，故将二者同时加以阐述。

意识和潜意识都是潜藏在人体内部的聪明和才智，或者说是人的精神和灵气。人们经常说××心灵手巧，这个"心灵"是不是能称为意识，人体中还有更"心灵"的东西，它们潜藏得很深很深。人们平时的行为，诸如吃、喝、行走、劳动、工作、写字、创新技术、造房子等等，都是以意识支配着。潜意识是埋藏在心中很深很深的一种理想。一般说，潜意识很难从内心表露出来，但它存在。意识和潜意识是人体中无穷的力量。胸无大志的人，他的内心深处没有远大的理想，或者说只是满足现状。伟人、科学家、创造发明家等等大事业的成就者，他们的意识和潜意识里有人生大目标。近代孙中山先生，自幼胸怀大志要推翻清王朝，历经磨难，什么艰难也打不垮他的意志，最终葬送了封建帝制，建立了共和制。伟人毛泽东在读书时，便立志推翻压在中国人民头上的三座大山，建立真正人民当家作主的民主政权，他的理想实现了。还有大批科学家在幼小的心灵里埋下创造发明的种子，所以幼芽才能成长为参天大树。但伟人们和创造发明家们身上都有一个共同的东西，是他们巧妙运用自身潜意识的无穷力量，完成自己的理想和事业。

从伟人和创造发明家的伟大业绩来说明，意识和潜意识有难以估量的威力。我们是不是也应该具备意识和潜意识呢，回答应该是肯定的。一般习练者以健体强身为乐趣，而太极拳深研者必须具备太极拳规律的意识和潜意识，否则难以成功。

动意、意念、意识如何区分呢？动意，意大意重有悖太极拳的轻灵，太极拳人绝对不能拳中带动意。意念是对的，"是用意，不是用劲"，练太极拳行功本应用意不用力。"用意，不是用劲"拳理，蕴涵着丰富的哲理，又有它深刻厚重的拳法内含。朋友们在用意和动意之间难以把握，资深同道也说动意和意念很难择开。分不开意念和动意，在习练时可少用或根本放弃运用意念，洒洒脱脱、松松柔柔修炼已经很好。

意识不同于动意和意念，如果一定要把三者区分开来，是轻灵、存在决定意识，这是太极拳哲学，可以解释为意识是有意无意之间。修炼太极拳放弃意念，循拳之规律修大道，道法自然。当今练太极拳者众，但绝大多数以力行功，屈伸进退，过多用力，初学者以为太极拳就是用力练。我们年轻时学练太极拳，京城名师都谈论练拳不要用力，要放松。陈、杨、武、吴、孙式等几个大群体练拳，多以松柔、圆活、轻灵习练。现在力练太极拳的人比较多，破坏了松柔太极拳习练场的氛围，自己练自己的，凭个人对太极拳的感觉行功，喜欢怎么练就怎么练。教材不统一，练拳不规范，不是循太极拳的规律，真正是跟着感觉走。究其原因，初学者在潜意识并没有埋下太极拳轻灵、松柔、松空的种子。

资深拳家要引导初学者改变思维更新观念，重新认识、理解太极拳。看多了力练太极拳，特别在太极拳推手竞赛会上，力大者获胜，初学者认识太极拳就有了力练的印象，潜意识深深埋伏下力练、力推的萌芽，再让他松柔习练太极拳，有一种无形的排斥。

意识在人体中能量是微小的，而潜意识的能量超出人的本能。要看载体主人是不是善于运用本身的巨大潜在能量。修炼太极拳的过程中，习练者要有无为而不为的洒脱，还要有松柔练的意识，不去主动进攻他人，不去争强斗胜的潜意识深藏于内心世界，循规蹈矩是有希望得到内功的，潜意识的巨大能量是可能开发出来的。

第十三节 太极拳的内涵

太极拳虽然列入武术之中，但是，太极拳顽强地保留着自己的特性，也就是保留她丰富的内涵。内涵是大道，大道不是空的，也不是高深莫测的理论，大道全凭拳中求，悟中得。太极拳人不走进拳的内涵，不去把握太极拳的特性，难以深入进去了解她，更难以得到内功。因为习练者的思维观念不改变，视角不对，就无法聚焦她的博大精深之内涵。

太极拳的特性和内涵是什么呢？首先应从阴阳变化进入太极拳的内功修炼。习练太极拳要举动轻灵，用意不用力，阴阳变转，方向方位，动分虚实，安舒中正，动静开合，以意行功，空腰松胯，松肩垂肘，手脚结合，展指舒腕，脚虚松趾，没有踝腕，空手轻扶，溜臀裹裆，虚实渐变，勿有力点，心脑不接等等。

一、阴阳变化

凡深研太极拳者都视王宗岳宗师的《太极拳论》为太极拳修炼之本。拳论说得极为明白，"阴阳为母，动静之机"。你练太极拳，只要动，便有阴阳。不动，在静止的状态下，阴阳没有消失，仍处于阴阳相济之中。动是绝对的，静止不动是相对的，不动仅仅是表现在形体上，被人看到，他是一个不动人体，但外静内动，"静中触动动犹静"，外静内动，内动外静，动静相兼。地球分秒都在转动，人随地球一秒钟也不能停息，完全静止是不可能的。王宗岳在《太极拳论》中又说："阴不离阳，阳不离阴，阴阳相济。"

"阴阳相济"在技击运用中是相当普遍的，在懂劲的高手中，是自由把握的技艺。如对方攻来，长手已触到较技对方的手、臂或身上，接住对方手，并不在外形上有躲、闪、支、化等动作，外形上仍安静地站立不动，而在接触点上，已经柔化开对方的进攻的力点。一进一化仅仅是在瞬间的微观阴阳变化中解决的，从宏观上是看不见的，这是太极拳的绝学。阴阳变化是在不动声色、外形难以观察到的接触点中进行的。人们大都有一种心态，欲试试手，将对手打出去，这才是高手。在这些朋友的思维中仍以胜败论英雄。当然，武术姓武，以武会友，以武论英雄。但是，太极拳不是这样的，真正懂得太极拳、修炼到最高境界的太极大师，不以武论高低，而以养生为快乐，研修太极拳的阴阳学说，以"无形无象""全体透空"，以"延年益寿"为极大乐趣，"不徒作技艺之末"。竖看历史，威震神州、名声显赫的大师，寿命活过八十岁的几乎没有。原因是硬碰硬，不是以阴阳运化者，过早地伤及了自身。当然，人的寿命是多因素的综合，但技击发力打人不能不是诱因。

吴式太极拳高寿者不是个别现象，而是一个群体，上海的名家马岳梁98岁，吴英华91岁离世，北京的吴图南105岁，杨禹廷96岁仙逝。马岳梁和杨禹廷一南一北，技击打人的故事似乎不多，可见他们修炼太极拳已经进入较高的境界，他们修的是大道。

二、举动轻灵

武禹襄大师在《十三势行功心解》中，有"一举动，周身俱要轻灵"的绝句。举动轻灵，是太极拳习练者必须遵循的功夫。举动轻灵的反面，是身滞、呆象、拙力、散乱等不规范的举动。

太极拳修炼要求轻灵，从字面上看，轻灵似乎便于把握，其实，操作起来是很有难度的。不是手上不能轻灵，而是周身上下不协调，肩紧肘翻腕有力，造成手不轻灵。动作轻灵不轻灵，绝不是一个部位的功夫，而是综合功力。在初始习练时，教练将在练拳中应该注意的事项都一一交待清楚。但是初学者并不知道"举动轻灵"对规范太极拳动作是必修的课程，也许并没有引起足够的重视，手上带力练拳，便走上习练太极拳的弯路，埋下"学拳容易改拳难"的苦恼。

笔者起初也是想急急忙忙把一套拳练下来，然后自己慢慢去练。很快学会83式拳，但越练越跟拳论对不上号。对拳有所认识和理解之后，放慢了练拳的速度，后来干脆停下来不练，再从太极起势重学，经历一次改拳之苦，走过了一段不大不小的弯路。我有一位高级知识分子的老拳友，50年代从学杨禹廷大师，练拳半个世纪了，学练五十年，改拳五十载，至今还有许多问题解决不了。还有一位年近古稀的老拳友，60年代曾在京接受过杨老师的点拨，后离京去外地。来京见面后，仍力不离身，带来一大堆困惑。

内功上身，退去本力其实难也不难，如果把握住太极拳的规律，以松、柔、圆、轻、缓行拳，在练拳时轻松、慢缓、虚灵，平心静气，不急不躁，身心会有奇妙的变化。举动轻灵在身体内外起变化之后，你便养成了举动轻灵的习惯。如此修炼下去，本力将慢慢退去，内功将悄悄上身。

从修炼太极拳内功而言，"举动轻灵"仍然不是上乘的拳法，手上仍然不是最高境界。最高境界举动轻灵的手，完全退去了本力的"妙手空空"，其根在脚"形于手指"，进而提升到周身无处不虚灵的"全体透空"之境界。但是，练拳必须有举动轻灵的漫长过程。

三、用意不用力

习练太极拳纯以意行，不去用力练拳。太极拳行功时，习练者应该从脚到手的九大关节必须松开，以及臀、胸等十个部位要一一松空，"九松十要一虚灵"的身形，以利于内外双修。

修炼太极拳的目的是健体强身，习练中对博大精深的太极拳的拳理拳法可进一步深研。在深研的过程中，对太极拳的认识和理解有了深一层的认识。太极拳是以阴阳为母，动之则分，分阴阳之拳，拳之灵魂，是松柔，深层次的修炼达到松空，甚而松无，直至"全体透空"的最高境界。还有的拳家，主张脱胎换骨，周身松空到"虚空粉碎"。

修炼太极拳到此境界，绝对不是用力练出来的功夫，是以意行拳，不是用力。练拳不用力，还要在修炼中退去本力，一定要有一种操作方法，比力练更便于把握、比力练更科学的练拳法。

用意不用力，不是先贤练家造出来的拳法，而是根据太极拳轻慢圆活，行云流水般地衍生出来的科学练法。三丰祖师遗训："欲天下豪杰延年益寿，不徒作技艺之末。"基于太极拳修炼的功能性和特殊性，行拳松、柔、圆、轻、缓的特性把握，自然采取"用意不用力"的训练拳法。只有意行，方有可能渐渐退去人体中的本力，使体内六阴六阳经络畅通，血液循环系统以及微循环通畅无阻。

实践证明，修炼太极拳以力行功有悖拳论，有悖老子"道法自然"的警示。只有意行可以放松周身，说意和松是"双胞胎"并不为过。习练太极拳时，用意练拳并不难，首先，要读有关太极拳的拳论、拳诀及先贤的理论著作，看太极大师是如何讲太极拳理论的。如果习练者想从太极拳习练中，学会防身之术，又可以打击来犯者，你一定要失望。奉劝你去练长拳短打、摔跤、擒拿术，短期内可以有效，太极拳是不可能在短期练出高功夫的。

深研太极拳，以意练太极拳，越练越能体会出拳之"味道"。在这里还必须指出，以意行拳取得一些进展之后，在用意的基础上，意行越淡越好，千万不可加重意念。有人说东方文化神秘难求，难以理解。不理解当然难求，但有规律可寻，有一个严格区分的度。这个"度"应该是无过不及。不及是不达标，过了，意大变成动意，动意是主动，主动是力不是意。

修炼者要用心去体悟，把握适当的度，这个度可称为大道。中道、小道行不行，不可。"大道以虚静为本"（丹经）。老子不止一次告诫后人，"大道甚夷，行于大道，千里之行，始于足下"。

四、阴阳互抱太极图

王宗岳在《太极拳论》中，刻意提到"动之则分"，分什么，分阴阳。"阴不离阳，阳不离阴，阴阳相济"，阴阳相济的直观教具是神秘的太极图（图3）。

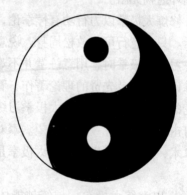

图3

太极图最能反映太极拳的本质，研习太极拳不理解太极图，心里没有太极图，不管你练多少年，练的仍然是无阴无阳、干巴巴的套路。太极拳以阴阳为母，松柔为拳之魂。不论你是什么式的传人，你练的套路没有阴阳便没有灵魂。请注意，黑鱼（阴）、白鱼（阳）互抱不离，首尾衔接，正是阴阳相济，而黑鱼的白眼睛，白鱼的黑眼睛，验证阴不离阳，阳不离阴的阴阳相济，阴中有阳，阳中育阴的深层拳理。周身上下无处不阴阳，我们每个人均有阴阳两个顶。太极拳人在修炼中时刻有太极在身、在手、在脚，动则阴阳，静有阴阳。

具备太极身形的基本条件后，须循太极拳规律，规范自己的拳式，遵太极阴阳学说去修炼，在练中去悟太极图在拳艺活动中的运用。揭示太极图的真谛容易，但是，把握和运用很难，达不到一定的境界很难做到。

太极图的运用是很科学的，属于内功的范畴。太极拳不论哪家流派，也不论十几式，几十式，百余式，均由一阴一阳的动作组成。各家、各派拳理相同，拳法有异，但总也离不开太极图。拳之动作似图中的阴阳鱼互抱，阴动的起点，是阳动的止点，阳动的起点，是阴动的止点，首尾相接，循环往返，旋转不停。你练不练拳，阴阳在人体中往返轮回阳显阴隐，阴显阳隐是自然规律，生生不息，不可改变和逆转。

技击的原则之一，是静中制动；之二是接点不接面，打点不打面；之三是打虚不打实，避实就虚一举成功。对方弓步双手力按前臂，以常人的视角，站立者是优势，双手力按更为优势，双手力按对方前臂绝对操胜券。改变思维和改变视角，以太极拳人的太极阴阳学说为本源，以太极思维、太极视角观察，站力按者是劣势，坐被按者为优势。

太极拳的拳理拳法为"彼不动，己不动"，不去主动进攻他人，以静待动。对方首先犯主动进攻之忌，破坏了自身"以静待动"的阴阳平衡。太极拳技击最忌用力，以力进攻对方也是大忌。

被按者坐以静待动，心、神、意、气安静之极，这是太极拳的高境界，伴以安舒中正，上下四肢静待对方攻入。对方力按攻来，双手两脚为四个力点，双肩是两个支点。被按者欲抬起前臂解困，最忌有动意。动意是想抬前臂，动意是力，有动意前臂便充满本力，是以力相接对方的按力，力接力，后者定要失败无疑。己应放松全身，从脚至顶九大关节要依次松开，这是请来太极图协助解困。被按之前臂此时是一条阴势的黑鱼，阴为隐。对方为阳势白鱼，阳为显，来势汹汹力按，被按的前臂隐去一切力，从内部化去对方来力，使对方按空。在按空的瞬间，对方的双脚蹬地的力点没有了，也就是蹬空了，按空了，四个力点均为空松点，按不上力，失去了战斗力，双肩的支点也失去后续之力。被按者此时抓住战机，轻松而起，怎么个起法，学问很深。

　　起时，首先不要有动意，周身上下不要主动和妄动，心、神、意、气要安静，要极为安静，此时仍然不能起动。双手力按者的身躯内外，上下四肢是白鱼，阳显露于外，己的被按之前臂此时是黑鱼，为阴，处于松柔、松空和松无的状态。即为《授秘歌》诀中所示，即"无形无象，全体透空"。黑鱼为阴为隐，前臂虽在，但劲力没有了，一是松于脚下，一是收敛入骨。按者按空，双手、两脚没有了力点。在起前臂之时，运用太极技击接点不接面，打点不打面的原理。黑鱼的白眼为阳，仅仅是一个点，以此阳鱼击之。对方按上黑鱼，黑鱼为阴为空，白眼睛为阳，以此点（白眼）击之。不要用力，因为按者脚下已无根基，以意打之，以神攻之，对方难逃失败。

　　当然，太极拳讲究内外双修，绝对不是每一个部位的功夫。在运用阴阳变化内功时，也绝不是对方攻击哪个部位，就在哪个部位运用阴阳柔化，去解决困境。太极拳是综合功夫，是内求心、神、意、气的安静，是从脚到顶的踝、膝、胯、腰、肩、肘、腕、手等九大关节的放松，同时手指和脚趾的54个小关节也应放松，以及臀、小腹、胸腹、背、颈、腹股沟、胸窝等部位都应一一放松，身心内外、肌肉间及骨骼缝隙间也不留存一点力，成为太极空松体。

　　太极拳对人体适应性是不是要求过高呢？不是！太极拳的

品格是阴阳变转，举动轻灵，神意气要绝对的安静，身上退去本力，外示安舒，对人体所有看得见摸得着的部位都应该净，极为干净。不干不净，力与阴阳混在一起，身上什么功也进不去。人是太极拳内功之载体，太极拳要求修炼此功夫的人，要循太极拳的规律，循规蹈矩。天长日久，反反复复遵照太极拳的规范行功，渐渐将拙力、本力退去，太极内功慢慢进入体内。像你租到一套房子，对方将屋内家具搬光腾出变成空房子你方可进入。依此理，你身上的拙力、本力挡住人体的"大门"，太极内功怎么进入？人体退去本力，太极内功占据人体的主导地位，真正成为人体的主人，自由运用太极图才是可能的，否则难以运用阴阳太极图。

这是顺太极拳之自然，这是拳理，不认这个死理就难以功成。

五、动分阴阳（虚实渐变）

王宗岳在《太极拳论》中云："阴阳之母，动静之机也。动之则分，静之则和。"

动之则分是太极拳之规律，是让从学者动分虚实，没有虚实，抽去了太极拳的特性，就不成其为太极拳。太极拳有自己的品格和特性，她的品格是"太极者，无极而生、阴阳之母。"她的属性是武术，她的训练方法又不同于武术各兄弟拳种。各类拳种多以刚猛入手，表现英武刚烈，而太极拳以松柔为训练的起点，行功松、柔、圆、轻、缓，以轻慢行功，似行云流水。始终将"松"字放在拳的起步，而松柔训练贯串拳的整体修炼之中。在训练的过程中是退去本力，增长松柔功夫。如果列出公式：即为松柔训练——过程——退去本力——内功上身，这是一个长过程。

此时，教师教导学生，在动作与动作的衔接处，或是一个动作完成，将要作下一个动作时，要分出虚实，虚实即阴阳。动作分清虚实并不是初学者自己分的，是师长按照太极拳阴阳学说的规律，将一套拳按照多少个式，一个式中有多少个动作，进行拳结构分析和阴阳剖析，将动作按屈伸、上下、左顾右盼，分出阴动和阳动。如此训练，阴动的起点，是阳动的止点，而阳动的起点，则是阴动的止点。这一规律，自然显现在习练者的面前。你要循拳之规律，规范行功，动分虚实。有的拳套路，只有多少式，而式里不分动作一二三四，只能自己在熟练把握拳的套路之后，遵照拳理再分虚实，这样要走一段弯路。

虚实的区分，可分为上肢、下肢两个部分。上肢左右双臂（或称手），左手虚右手实，右手虚左手实。下肢（或称脚）左脚虚右脚实，左右手和左右脚都随时互换虚实。有的式子，或称势子，单脚变换虚实，单手也有变换虚实的势子。拳艺有一定造诣之后，单手虚实变换，单脚动分虚实并不难把握。在太极拳的拳式中，单手、单脚虚实变换的动作并不多。吴式太极拳"抱虎归山"的第二动和第三动均为右脚重心，"手挥琵琶"的第一二两动重心都在左脚，在一只脚上变动阴阳是很绝妙的。

虚实变转的操作为先减后加的减加法。人正常走路时，两脚重心的转换是减加法，这是很自然的先天自然之能，是不带任何技术性的。有些练拳人，走路时很自然，很正常，而练拳中，两脚重心的变转竟为先加后减，虚脚转换为实脚时，先挪动身形，然后弓膝再松后实脚突然变虚。此种练法，有悖自然，显得机械、刻板。虚实变转时前后先弓步再减重心腿，关节僵紧难以松弛。此种练法，所有势子都走不开，退去本力是困难的，太极内功难以进入体内。

动分虚实，虚实和变转是联系紧密的拳法，手脚的动分虚实是相同的。手分虚实手，在变转时，同样是先减后加的减加法。如"左抱七星"，一动阴，左手实手在前，拇指遥对鼻尖；二动阳，右手打挤，左手渐松，掌心斜上渐向内，松；右手掌心向外，挤，由虚渐变实。虚右手实左手时要注意渐变，实手变虚手时，从9减到1，虚手从0加到9时，瞬间右手虚净，左手实足，千万不可大意。在虚实手阴阳变换时，像士兵换岗接班，岗上没有空隙。有空隙对方便乘隙而入，隙是凹，你凹对方当然填实。所以《十三势歌诀》唱道："变转虚实须留意"，这是拳之真谛。

动分虚实是太极拳的拳理拳法，违背不得。打拳、推手、技击活动均不能离开"动分虚实"，动不分虚实就是抹去太极拳的特性。动分虚实，不是哪家哪派拳师创意编造出来的。虚实是太极拳阴阳学说的规律，是拳在运行中自然显现出来的。不论你是否明白拳之阴阳，阴阳总是存在的，阴阳也在你的拳中变化，只因你还没有掌握它。

动分虚实表现在太极拳的全部活动，当然也包括推手和技击。有拳家将推手、技击定为艺术，高级艺术。从拳艺的根本来讲，推手、技击在进行过程中，变化多端、快似打闪穿针，快归快，但动分虚实不能忽略。只要你练太极拳，动分虚实是规矩，离开规矩什么事也做不成。太极拳技艺比任何拳种更为强调虚实。拳论说得好："虚实宜分清楚，一处有一处虚实，处处总此一虚实。"练家在行拳操作时定要注意分清虚实，这是太极拳特性所决定的。

还有一个重要拳法要着重提请练家注意，动分虚实，如何分呢？简明地说，虚实变转的操作取减加法。有朋友说："减加法是虚实变化时先减后加，知道，知道。"但知道不等于明白，明白不等于会操作。一种上乘的拳法要经常讲，反复讲，反反复复讲，有可能会引起重视，还要手把手教，要听劲，老师喂劲不断指导，能操作，不会走弯路。

先减后加阴阳变转的首要条件是，操练者在行拳时采取单腿重心的立柱式身形。单腿重心，顾名思义，是全身的支撑力放在一条腿上是实腿。不支撑身体重量的腿不着力，称为虚腿，统称为虚实脚。太极拳的术语叫实脚要实足，虚脚要虚净。实脚为10，实脚转变为虚时，应从10逐渐减为9、8、7、6、5、4、3、2、1，实脚完全没有了支撑力，变为0。虚脚为0，在实脚减少支撑力的同时，从0逐渐加为1、2、3、4、5、6、7、8、9、10，虚脚从0变转为10，成为支撑全身重量的实脚。注意，膝不着力，免于伤膝。脚下单重变为双重，双重变单重也是如此操作。

虚实转变为渐变，手上虚实转变也是如此操作。

笔者到安徽省某市指导学生，主要从阴阳变化中去讲解推手、技击中的动分阴阳的操作。拳友陈先生是习练陈式太极拳的，喜爱推手，是当地技击高手。他闻风而至，希望在动分阴阳拳法中受到启迪。

我请对方过招。同时请一位业余摄影师用普通相机，200#胶片拍摄，留下瞬间的友情接触。

图4：对方双手扑来，我以双手接对方的双手，但左手实（阳），右手虚接（阴），使对方左半身失重向左倒去。此时我实右手，虚左手。

图5：我右虚手（阴）变为实手（阳），对方左手扶到有

图4   图5

力的手臂，身形站立起来似乎起死回生。

图6：对方还没有站直身形舒服几秒钟，我方虚左手（阴），对方左半身失重，急向右侧歪去。

图7：我方再虚右手（阴），顺势将意念放在对方右侧身后，对方加速向右歪去。

图6   图7

图8：为了友谊不伤人，右手加一点力（阳），送对方向大双人木椅歪斜。

图9：我方右手逐渐松成为虚空（阴）之手，希望对方更深层的体验虚空的"味道"。此时，对方的重心没有了，完全被我方控制。

图8   图9

图10：视木椅距离合适，我方左侧空，右手意念向木椅，此是用意，不是用力，对方翻身坐在木椅上，全过程大约不到一分钟。

这是动分阴阳的推手艺术，对方出力扑来劲足，我方以阴阳变化松空对方来力，动分阴阳从左至右，又从右向左，以阴虚引使其落空，逐渐失去重心，被我控制而失败。

图10

第十四节　动静开合

　　太极拳门派林立，一个老师一种传授法。虽然都宗王宗岳的《太极拳论》，但理解不同，练法各异。

　　有的拳家以左右掌掌心相对，又左右外分取开合式。左右掌开合有道理，从双手动作上表示开合，容易被人接受，但内涵难以把握。从太极内功讲，开合应该在腰间。"主宰于腰""腰为纛""腰为轴"。如果开合置于双手，动作嫌大了些，开合要在一瞬间去完成。

一、拳中的开合

　　开合在太极拳拳艺中占主导作用，是拳中之帅，是拳之轴，也可以说是拳之魂。练拳没有开合，两条腿是两根柱子，两臂似两根棍子，腰上一块板，无松柔，没有开合，还练什么太极拳呢。

　　《太极拳论》中的"主宰于腰"，不是动作中以腰带动四肢和身形的动作，而是腰间反映的开合。凡深研太极拳者必须研修腰的开合，不懂开合难以达到神明境界。有些朋友练拳时练一遍收势走人，这是一般锻炼身体，如果深研是难以达到要求的。怎样修炼开合呢？

习练太极拳要明阴阳，阴动就是阴动，阳动就是阳动，每个动作阴阳不可马虎。动作要到位，阴动的止点是阳动的起点，在阴阳动的变化之处要到位。拳论明示，变转虚（阴）实（阳）须留意，不得马虎，不能瞒天过海，不但知其然，还要知其所以然。在第一个动作完成转变第二个动作时，瞬间松一次腰，这个松腰就是"开合"。在上下动相接转变阴阳时，松一次腰是很易于操作的。

松腰是不是开合呢？是也不是。开合便是松腰，开合的松腰和一般练拳松腰有质的不同。练拳时松腰是开合的准备。拳套路动与动之间以松腰衔接是"练功"，是开合内功的准备。日久，松腰动作熟练再进一步习练腰间的开合内功。松腰功到动与动自然转变阶段，再与溜臀结合在同一时间动作。这两个动作熟练且能配合一致之后，脊椎要节节向上松拔，开合内功便显现出来。

二、推手中的开合

把握拳中的开合之后，再与对方较技，你很自然手握胜券。

当前社会上推手活动，本力加技巧的、生硬推拉的，各种推法都有。在太极推手比赛的竞技场上，双方也是劲力相推，推出去便得分为胜，这是现代版的太极推手。

前几年，一位当红的太极拳家被一后学按在椅子上动弹不得，向老师请教如何解脱困境，这位老师也弄不明白为什么被人按在椅子上不能解脱。其实，技击、推手不是比胜负而是比内功，也就是比开合。谁开合的动作小，不被对方察觉，就说明他内功雄厚，太极功夫高深。《太极拳论》说得明白，"人不知我，我独知人。英雄所向无敌。"这句拳经字数不多，恰恰说明太极内功的实质。只有具有内功开合的人，可以达到"人不知我，我独知人"的境界。前面讲的被困在坐椅中的那位练家，肯定是板腰，未能掌握开合内功，否则没有不能解困的尴尬。

腰是人的中心，开合是变动自己的中心不受人制，有动静开合内功的拳家的"中"从来都是深藏于内的，绝对不可能暴露于外，推手、技击也不会以腰带身躯、四肢，腰被对方抓到是很危险的。"腰没有松开，未悟道开合"，千万不可与人推手较技。经常出力，手的阴阳被破坏，再练"空手"是困难的。练拳、推手一个道理，每个动与动之间一定要松腰，这是动静开合。动也开合，静也开合。较技在与人接手之前，自己已经规范好自己了。所谓规范好自己，是从下往上放松脚、踝、膝、胯、腰、肩、肘、腕、手九大关节，心、神、意、气安静下来，臀、裆等部位都应一一放松，应以无极状态将自己规范好。推手与人相接，把握"四梢空接手"，周身松，腰部开合以待，接手不会遇到不可解脱的困境。

动静开合在拳和推手中的运用一目了然，武派太极大师李亦畬关于开合的论述如下：

"炼气归神，气势腾挪，精神贯注，开合有致，虚实清楚。虚实全然无力，气势要有腾挪。紧要全在胸中、腰间运化，不在外面。气向下沉，由两肩收于脊骨，注于腰间，此气之由上往下也，谓之合。由腰形于脊骨，布于两膊，施于手指，此气之由下而上也，谓之开。合便是收，开即是放。懂得开合，便知阴阳，到此地位，功用一日，技精一筹，渐至从心所欲，无不如意矣。

　　"收便是合，放便是开，静则俱静。静是合，合中寓开。动则俱动，动是开，开中寓合。要于阴阳开合中求之。所谓知己知彼，百战百胜也。"

第十五节　不要有力点

　　习练传统太极拳若干年之后，对拳理拳法有所悟得。将原来练拳健身的朴素修为，向高层次深研。欲进一步探讨太极内功，碰到第一个难点就是力。

　　通常人的体内有两种力，拙力和本力。其实，拙力也是本力，拙力比本力更为笨拙。太极拳修炼者将力称为"劲"。"劲"是太极拳的术语，内涵阴阳变转的阴阳相济之内功，劲和力不是一个意思。具体剖析习练者肢体各部位的力，腰是板板的，胳臂似棍子，周身劲力充足。练太极拳多年，如果手、手腕、胳臂上都充满力，就与太极拳内功的要求相差甚远，要在练拳的过程中渐渐退掉本力。周身充满劲力，对血液流畅，微细血管循环流动有影响，对气道和十四经脉的通畅不利，与锻炼身体者健体、养生的追求相悖。所以，凡习练太极拳者不能不在退去周身本力的修炼中循太极拳的特性，按太极拳的规范下工夫。

　　习练太极拳，欲向拳道的深层次发展，遇到最大的障碍是自身本力的挑战，是周身内外上下僵紧，本力影响太极拳的轻灵用功，摆在研习者面前的课题是如何克服本力的障碍。太极拳讲究体用结合，练拳、推手、技击碰到的是力，术语称为力点，退去本力是挑战自我。不研究自身的力和力点，很难向深层修炼。同时，也要研究推手、技击中对方的力点。自身的力点不退去，就无法化解对方进攻的力点。双方的力与力胶合在一起，双方都不能脱离、化解对方进攻之力。双方都失去了太极拳"举动轻灵""阴阳变动""动静虚实"的特性，此时此刻很难说是"太极"推手，因为双方都是以力攻击。

一、关于力点

太极拳修炼者首先要弄明白什么是力点。所谓力点，是双方接触的部位，称为"接触点"。双方在接触的一刹那，感觉到对方有力，这就是力点。

力点有大有小。以手指触及对方，力点表现和手指一样大，如果以手掌推在对方肢体上，这个力点就有手掌大。自家练拳时不与对方相接触有力点吗？有！但是，初学者在练拳时很难察觉自身的力点。在一般情况下，学生在练拳，他很认真地做着每个动作，当提醒他不要用力，他会回答："我没用力。"对于初学者，讲明白拳理，他会在练中慢慢体悟。个人不知周身在用力，当与对方的肢体接触时，会强烈地感觉到双方接触的部位互相以强力抵抗着，力点就显现出来了。

具有初乘功夫的人，周身肢体内外本力还没有退去。当对方的手触及自家的肢体，或自己的手触摸到对方的身体的某一部位时，第一感觉是遇到对方的强劲反抗。这种反抗，是力量在接触点上的抵抗。太极拳拳理拳法的理论，是不准抵抗对方的进攻。拳论明示："舍己从人，引进落空。"这是太极拳的奇妙之处。

太极拳习练者的肢体有力点是正常的现象。如果练拳多年，肢体上仍然布满力点，摸到哪个部位，哪个部位有十分坚硬的力点挡住你的手，这便证明，他多年习练太极拳效果甚微，要找一找教学上的毛病。主要原因，对太极拳的拳理拳法没有吃透，不理解太极拳的特性，仅仅是以武术的共性进行习练。

习练太极拳，从打拳到盘拳，从动作有力到用意不用力，从以本力抬手提足到举动轻灵。修炼太极拳是一个长过程，有多长，要看修炼者的悟性以及对太极拳的认识和理解而定。也许很短，也许很长很长，但过程是很珍贵的。

二、退去力点

退去力点，并不容易。怎样退去力点？应该认真研究一番。

人从降生就会伸臂蹬足，几个月以后，会翻身爬坐，这些人类初级动作也是用力支配行动。随年龄长大，周身的力量也在增长，人类活动用力的习惯也形成了。练武之人学练勇武刚猛的拳术，顺理成章与人类用力习惯相一致，习练顺畅，几个月、几年下来成绩明显。但如果练太极拳，麻烦便来了，可以理智地控制速度，也就是慢练，慢练是不难的，再教习练者不用力练，对初学者来讲就是困难的。周身先天而来凡动便用力，练太极拳要退去本力，"用意不用力"是很难很难的，这是摆在太极拳习练者面前的第一道难关。有人提出来"练紧不练松"，紧，是僵，是力，练紧很容易，小学生都会练紧，越紧越僵越用力练，这是力的怪圈，多少年也松不下来，钻不出这个怪圈。可是，习练太极拳用意，不用劲力，这是本力和体松的矛盾，这一对矛盾是难以调和的，必须退去周身的本力。

太极拳习练者身体有力点，周身内外充满劲力，几年几十年身上的力退之不去，为什么？这些朋友是对太极拳理论研究不够，没有吃透太极拳的本质。归根到底，他们在习练太极拳之前，没有理论准备，上去便练，没有不出现障碍的。认识太极拳真理不是一次完成的，对拳理要认识再认识，理解再理解，要知拳之特性。"阴阳变化""举动轻灵""用意不用劲"是太极拳的特性，当然，太极拳的特性不止这些，还有诸多特性，从学者会在修炼中碰到。

太极拳修炼者懂得太极拳艺，不是心理明白，也不是口头说出来，而是身上明白，或者称为"体悟"。说到手上的空松功夫，陈鑫大师有"妙手空空"之标准。要达到如此功夫，必须具有一双空松的手，不着力的手，手上的本力没有退去，仍然不是真正懂得太极拳。武派太极拳大师李亦畬在《四字秘诀》中写道："从人不从己，由己仍是从人。由己则滞，从人则活。能从人，手上便有分寸。"此话解析了王宗岳的"舍己从人，引进落空"之句。

经过多年实践，笔者体验到肩以下、胯以上的上身在行拳、推手、技击中不能动，千万不可主动妄动，一动便破坏了自身的平衡。双肩是灵活点，两胯是旋转点，但上身绝对不能主动和妄动。

太极拳修炼者退去身上本力并不难求。首先要静下心来，学习太极拳的拳理拳法，循拳之规律，规范自己的动作，把握拳之特性，按规矩操作，久之定可成功。

第十六节 中正学

中正，在太极拳修炼中是十分重要的拳理拳法，以学术进行研究，故称中正学。中正学是从太极拳习练中身形的中正安舒和安舒中正演绎而来。没有心、神、意、气的安舒，难成形体上的外示中正。习练者只有把握中正，在拳的方向、方位的演示中，免于出偏，免于"差之毫厘，谬以千里"。归根到底，中正学的学问仍然在脚下。

一、太极"八方线"

杨禹廷太极拳的重心是单腿（脚）立柱式身形。在盘拳修炼时，左脚或右脚重心，脚下是"八门五步十三势"的中土位，是中心点，也是中定的位置（图11）。

在习练中弓步和坐步重心脚均称实脚，实脚下恰好是中定点，也称为重心点，重心点的准确位置为足心稍后一点，耳垂直往下，大约裤缝位，上至百会穴，是顶上的阴点。双重，两脚在中心点的两侧约一肩宽。太极起势的第2、第3、第4动，双重时间较长以外，凡双重之步法，像"云手""扇通臂""单鞭""斜单鞭"等都是过渡步法，稍停即变。全套太极拳

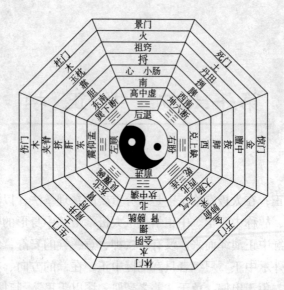

图 11

单腿立柱式身形是绝对的，双重是相对过渡步。现将各种步法脚下的准确位置，循中正学理论，以脚下八方线图详解如下（图12）。

八方线图以中心点分共有八条线，南、西、北、东、东北、西北、东南、西南。八方线术语，南北称谓正线，东

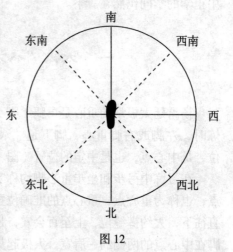

图 12

西方位称为东西正线。东北、西南为隅线，西北、东南为隅线。以线说明步法，在正线上的步暂分为九种步法（图13）。

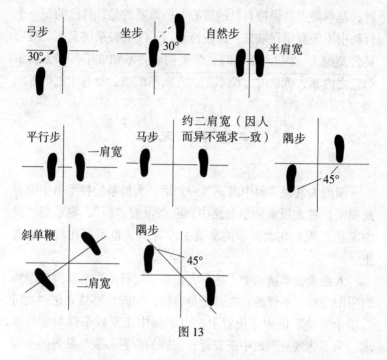

图 13

　　在正线或在隔线上的双脚重心或单脚重心，都属于中正规范，是准确的步法。在这里强调，实手亦应在重心脚的线上为标准。没有实手在一条线上下相随，身形的中正还是问号。不管什么式，凡重心脚在两条正线的某一条线上，或重心脚在隔线，上肢的双手其中实手必须在实脚上方的线上。此为准确的上下相随的拳法，是循太极拳规律，符合阴阳之道的中正学。否则便是违规操作，拳势不正。

　　拳势不正，是身形不正，身形不正是重心脚的位置出偏，实手也不在脚下重心脚的线上。落入"差之毫厘"后上身全歪，打出拳偏离中正，方向方位不准确，不是无力就是自己丢失。金庸先生对太极拳的中正学有所悟，他写道："安舒为主旨，基本要点是保持自己的重心……重要的是，自己的每一个行动中不能有错误缺失，保盈持泰。"（《太极拳讲义》"跋"，吴公藻编）。在初入拳场时，学生初学并不知或不甚知太极拳拳艺之内涵，练拳时方位不正，方向不准确，没有中正可言。

二、有正无斜

圈内人常说"斜中寓正"一句话，太极拳的技术书中也有此提法。在太极拳的拳套路中到底有没有"斜"，要不要"斜中寓正"呢？在太极拳的拳架中没有斜，也不存在斜中去寓正。

人在太极拳活动中，练拳人在拳架运行中左右实脚随拳势的阴阳变动，不管是在左脚还是右脚，实脚始终是立在"八门五步十三势"的中定位置上，以求得中正安舒拳理拳法的要求。为了达到身形的中正安舒，实脚的位置必须是拳势的中定位。中定位的检查，实脚往上直对百会穴，已达到身形的中正安舒。当然习练者真正达到身形的中正，必须先有心、神、意、气的安舒，后有可能达到身形的中正，安舒是首要的，故称为"安舒中正"。

习练者在太极拳套路中，身形绝对不应有歪斜之处，身形没有歪斜也不存在"斜中寓正"。文中介绍"八方线"图，此图八个方向、方位一目了然。习练者的实脚在八方线的中心点上，他的四面八方有八条线，即南、北正线，东、西正线，及东北隅线、西南隅线、西北隅线和东南隅线。一套传统太极拳从十三势到一百多势的套路，一个势有若干动作，但是，脚下转来转去并没有离开四正四隅八条线，并没有离开八个方向、方位，怎么会出现斜位呢？只要习练者自己不歪斜，拳套路是不可能出斜的。有人会问，隅线位是在东北、西北、东南、西南的方位，方向不是斜的吗？习练者如果准确无误地站在隅线位上，他的上下、步法方位是正的，方向也是正的，请你在操作中弄懂拳势的方向方位。中正是太极拳的核心，一定要把握住。

三、鼻为中心

鼻子为太极拳的中心点，先贤没有说过，书上亦没有论述，但这不等于不存在，只是没有悟到。

书上有足尖、膝尖、鼻尖上下三尖相对之说，但未向纵深说理，读者难以深悟鼻为中心之理。

习练者有"斜中寓正"之议，主要以"倒撵猴"势说斜。倒撵猴势是从前往后倒退，势由弓步（以左弓为例）变右坐步，左实脚变左虚脚，脚尖扬，右手朝东，掌心向东，变掌心向下与左虚脚脚尖上下遥对。此时习练者从左实脚的弓步变转为右实脚的坐步，左脚的正线转变为右脚的正线，右手与左虚线上左脚上扬的脚尖上下相对，从身形上看似乎斜了。但习练者的身形从面东转向面东北，恰在东北的隅线上，此时身形正体向东北，鼻尖、实手的右手与左脚在一条线上，从拳法讲身形仍为中正，不是斜。

杨禹廷传统 83 式太极拳，83 式分为 326 动，每动都以鼻作为中心点，实脚为重心点，重心点和中心点上下一条线，绝无偏斜之处。同道明白拳法上的中正之理，今后修炼不会再出偏斜之误。手是臂的延伸，臂与肩衔接，两肩与鼻形成三角形（图 14）。

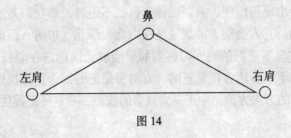

图 14

　　习练者的身形始终保持安舒中正状态，拳势动作方向、方位的变动，双肩不歪斜，身形便保持中正。相反，习练者身形歪斜，便无中正可言。身形是否中正要习练者把握双肩与鼻子的三角状态，否则身形不可能中正。如二人较技，一方的右手推对方的左肩胸部位，受推一方将左肩胸向后转去，但他的头仍面向对方，也就是鼻子留在正面，左肩胸向后转去，表面看化去对方的推来之力，但中心丢掉了，身形歪斜，已成为败局。在拳势活动和推手较技时，双肩和鼻的中心位置是不能妄动的，要始终保持身形的中正，不如此太极内功很难上身。在保持身形中正的运动中，实手是鼻的延伸，运动中实手和双肩保持三角位置是重要的，拳势分为阴阳实手，整体拳套路与身形中正相合有着十分重要的关系。

　　在多年修炼太极拳的实践中，有时练罢拳气顺心和很舒服，有时憋气，身体四肢别扭上下不协调，收势后身上很不顺畅，这是为什么呢？后来研究了"八方线"，知道是离开了八方线的八条正隅线。从此，解决了重心的中心点的问题，再练拳上下相随，内外相合，身上舒服极了。太极拳有生于无。关于鼻子为中正点，书上是没有理论论述的，这是继承和发展，符合有生于无的规律。

　　身形中正在推手、技击活动中是上乘的身法。与对方较技，身形始终保持中正，进一步讲，鼻和双肩保持准确的距离，从身形上胜对方一筹。如果实手位置准确，中正身形把握准确，胜局基本将在身形中正安舒一方。相反，二人放对，一方身形歪斜无中正可言，在二人相对站立中，不正的身形先输掉一分，败局已定。

在太极拳的体练时，实手有利于与双肩相合成为三角之势，在操作中便于把握鼻的延伸，实手与双肩保持着有利的距离。但推手中，实手作为鼻中心的延伸不好把握。练拳时，实手可以与鼻中心高下位置相一致，体用推手时，自己的实手要经常变换，随对方动而动。实手在随时变化的动态下和肩的距离、实手的高低不影响与双肩的中正关系，只要你身形不主动、不妄动便是身形中正。

第十七节　听劲与喂劲

深研太极拳，特别是推手、技击的拳艺，听劲是最好的学练内功的手段，而喂劲是老师培养学生具备柔化听劲能力的最为重要的拳法。

一、听　劲

"听劲"是太极拳教学传承下来的术语。从字面上理解"听劲"的"听"字是人类正常活动的听，是耳听。而太极拳术语的"听"是手的末梢神经对接触人体的感觉，在双方人体所接触部位的接触点，故称听劲。久练太极拳之后，手上的触觉异常敏锐、活跃，能感觉到对方肢体的力和劲的来路去向，这就是太极拳家的听劲功夫。

《太极拳论》云："由着熟而渐悟懂劲，由懂劲而阶级神明。"我们将先贤王宗岳的这一教旨分为三乘功夫："着熟"为初乘，"懂劲"为中乘，"神明"为上乘。修炼太极拳到中乘功夫，也就到达听劲的境界。凡太极拳练家懂劲之后自然懂得听劲，悟性好的人，练拳不久也具备听劲功夫。有了听劲功夫对于深研究太极拳、提高技艺是走上一条大道，练家到这一学练阶段，不会再走弯路。当然，在拳家身上听劲，是从接触点上去感觉到的劲，不是常人理解的劲或力。

在太极拳高层次拳家身上听劲，在接触部位感觉到的或是听到的是什么劲呢？其实，听劲，在对方接触部位上并没有劲，也不是力。通俗讲，接触部位称"接触点"，是双方接触的最小部位，习惯称点。当双方肢体相接，修养高深的太极拳家，在接触点上没有力也没有劲，是一个松点，一个空点，一个什么也摸不到的点——无，通常俗称"摸不着东西"。相反，太极拳初乘功夫的人手上及接触部位充满劲和力，需要在拳上练出功夫来，这功夫是内功，内功的标志是在接点上的松、空、无。

修炼到中乘功夫阶段的朋友，经常要练推手，相互习练触觉功夫，在双方推手中提高掤、捋、挤、按、采、挒、肘、靠即四正四隅八法，还有左顾右盼，前进、后退、中定为八门五步十三势的功夫。从练中退去身上本力，手上空松，提高触觉神经的敏锐性，从而向深层高境界修炼。

听劲在太极拳技艺修炼中有什么益处呢？听劲是提高技艺的十分重要的拳法。在练拳中，手上有力要在老师的手上听劲，感觉老师的手上是什么状态，是松、是空、是无——什么也摸不到，这便是听劲的效果，从感觉上知道，手放松是什么味道。如果练拳多年，你摸到他的手处在有力的状态，你的思维认定凡练太极拳的人，手都是有力的。李亦畬宗师的拳经，"能从人，手上便有分寸"。这个"分寸"是什么？太极拳圈内有一句承传下来的话，"太极十年不出门"，这句话不是夸大其词，凡武术各门类拳种，十年出门者少见。吴图南大师有一句名言，练拳出功夫要"脱胎换骨"。自修者一年前还筋僵骨硬，一年后又谈什么内功呢？只有听明家的劲之后，方可能明白什么是手上的"分寸"。未修炼到初乘功夫,很难言懂劲。

谈到太极拳修炼,笔者是十分幸运的。京城同时代的太极拳家吴图南、杨禹廷、汪永泉三位大师都活跃在拳场,经常见到他们,能去听一手劲、两手劲……美不胜收。可见,听劲是一种令人愉快的学习。在太极拳修炼中,会演练一套拳架子是否算毕业?不算,太极拳的每个动作都有深刻丰富的内涵,所以要花很长时间去潜心研修。在学练中,要走近路,绝妙的方法是听老师的劲,练胯听老师的胯,练腰听老师的腰,当然,不是听一次两次劲可以明白的。笔者能明白太极拳,也是得益于听劲。老师让弟子从脚到顶,从下到上,从上往下,前后左右,准我在他肢体上一寸一寸地听劲,感觉他身上的阴阳变化,在针尖似的一个小点上也有阴阳的变动,无一寸接触点不拿,无一点不放。被拿起时脏腑似倾倒出来,发放时吓得灵魂出窍。听吴图南大师的劲,拿放在一个点上,不管用力不用力,摸上便被发打出去。汪永泉大师不喜打人,不管他走或站立,摸哪个部位脚下便没有了根基,飘飘欲起,六神无主,只有等待发落。

总之,欲深研太极功夫,得到内功,不常年听老师的劲,是难以提高的。听劲是最好的修炼,久之,中乘功夫是不难求的。

二、喂　劲

"喂劲"的"喂"字作喂食给对方解。太极拳老师为了教授学生早日把握太极拳功夫,经常以喂劲的形式给学生上推手、技击课,便于学生明白劲路的来龙去脉,以及在接触点上空松是什么状态。

　　给学生喂劲是有条件的。学生在学练多年以后，已经把握太极拳的阴阳变化，"由着熟渐悟懂劲"的中乘功夫，如有悟性，就是可深造培养之人才。老师有可能重点培养这类弟子，给他喂劲，也有人称为"开小灶"。有人问能不能普遍开花，给所教授的学生都喂劲呢？不可，巴掌伸出去五个手指不一般长，同班同学，一起学练太极拳，很快便能分出长短。如果一视同仁，给悟性差的学生听劲。不懂听劲的人死死按住接触点，脚下飘忽也不松手，还谈什么从听劲中学练提高技艺呢？

　　老师给学生喂劲，使学生知道自己的去力在老师的接触点上的反映，是扑空了，还是自己的劲力未能发挥出去，是手上摸空，还是脚下飘浮，体验得明明白白。说得再通俗些，学生的劲力打到老师身上，听听老师是如何给来力找出路的，是柔化，是截住不让对方的力出来，或是将来力发往左右的后方隅位，更令人胆寒的是将来力疏于脚下，不趴下也得跪地。以上种种柔化拳法，不是老师喂劲，十年八年也弄不明白。

　　后学者欲深研太极拳技艺，瞎推盲练是无益的，在听劲、喂劲上得到真传，才是扎扎实实的太极功夫。学练太极拳多年，着熟之后要跟着老师学练推手、听劲。推手是增长手上的触觉神经和灵敏性，听劲增长内功感觉。但一定找到一位知拳理拳法的明师，先在他们肢体上听劲，多听、常听、反复听，感觉老师肢体上阴阳是如何变化的，听老师空是什么"味道"，空与松有何差异，无又是何"味道"，松、空、无三种内功的区别在何处。李亦畬大师说："要刻刻留心，挨何处，心要用在何处。"去体会、体验太极拳高境界内功"向不丢不顶中讨消息"。听劲另一益处，是在老师身上听劲时，摸空了失重，被老师打发出去，在圈内称"拿得起，放得下"。学生被放出去，三五米、七八米不一定，视一口气是不是顺畅呼出，气呼出去蹦跳停止。圈外人多以为是假的，其实蹦跳的学问很深，蹦跳是一种养生。被发打者胸中一口气，被老师拿憋在胸中，被打发出去，是神经主宰着身体的起伏蹦跳，被憋闷的气蹦跳后呼出，内脏舒畅，蹦跳停止，再想去蹦只有靠自己，便费些力气。有人不懂此理，顶着牛不动，不动表示功夫高，结果一口气憋在胸中，日久受内伤。

听劲是一种学习，听劲是养生，对于不懂听劲的人，不要施予此功。有的人将听劲视为比试劲力，空拿他之后，对方双脚已起，像个肉坨子死死按住，而胸部憋着气。老师再松一次将他打出去是要伤人的，只好罢手。对方不会听劲，老师千万不可喂劲，免生尴尬。

老师喂劲是很辛苦的，只要学生劲路走得对，老师便蹦跳而出。武德高尚的明师刻意培养学生，只要学生行功有百分之一、千分之一是对的，他都赞扬，这不止是鼓励学生，而是一种道德责任。学生行功做对了但不肯定他对的一面，他会永远糊涂下去。肯定学生准确、规范的一面，他可以改正，留住准确的感觉，继续学练有法可寻。归根到底提高太极拳拳艺是方法问题，方法对路学拳就容易。

听劲是老师引路，喂劲是老师的功德，两者相辅相成，旨在培养太极拳人才，学生能有缘遇到明师是极为幸运的。

第十八节　心脑不接

什么是"心脑不接"呢？在熟练太极拳的基础上，欲练推手，遇到的第一个问题是，在与对方两手相接时，顶牛或被对方化掉。个人练拳和双手推手的感觉大不一样，双人接手的瞬间二人四手相接，"心脑不接"的功法显现出来。接与不接，怎样接手，又如何不接手，这些功夫要去深研。

一、关于心脑不接

"心脑不接"在体用结合上是重要的拳法。凡练太极拳多年者，自我感觉都是很好的，因为熟练也就生出些巧来，自认为松得蛮不错。当与人较技推手时，手上有力、肢体僵硬等毛病突现出来。正是拳论讲的，身上有"凸凹，断续，缺陷"三大病，手上有"顶、偏、丢、抗"四大病。接手受制于人，腰板难动，胸闷憋气，想挣脱又走不开，只有败走一条路。如此尴尬皆因基础功没有夯实。

传统太极拳讲究体用结合，练拳不推手难以体验松柔内功深层道行，推手不练拳难以圆活，病态百出。而"心脑不接"是太极深研者在盘拳修炼的基础上，研习双人推手、较技中遇到的难题。所谓心脑不接，在双人推手较量中，二人胶合在一起，叉住了，而上乘拳艺推手者少见。因为双方接手的同时心脑互相接触着，择不开。见此情景，吴图南大师总要喊一句"撒手！"但谁也不敢撒手，此时谁择开谁操胜券。杨禹廷老前辈对推手有一句权威说法，他认为二人较技，"打人容易摔人难，摔人容易，放人难。"常见的推手照片，多以甲将乙摔倒，这已经很不错了，放人的拳照很少见到。所谓发人，是以太极上乘技艺将对方拿起来，发放出去。武术家王培生说过，拿不起来，放不下。也就是只有将对方拿起来才能放出去。拳经称为"斯其根自断""引进落空合即出"。所谓"拿得起"，似拿起一个物件，或将自己的帽子，从头上拿起来扔出去。一个人一百多斤，一位练家和对方体重、身高不相上下，且都是练拳人，具有灵活性和技法，欲将对方拿起来扔出去，是件十分艰难的事情。靠力气是难将对方发出去的，一定要有太极拳上乘功夫，即太极内功。按《授秘歌》要求，为"无形无象，全体透空"。"无形无象"为太极拳家在推手技艺中，身体上下四肢不显出动作，在与对方的接触部位即接触点上，旁观者看不到任何动作，连蛛丝马迹也难以察觉。而较技对方同样看不出有什么动作，只是在接触部位的最小的点上感觉空，或者什么东西也摸不到。操作者以太极内功的松柔、松空、松无的高境界功法，控制宏观的肢体没有动作，甚至极为微小的动作也不显露出来。太极微观世界里纵横上下的阴阳变化，以阴的空松，粘连住对方，使对方失去重心，牢牢控制住对手，使之没有逃走和进攻的变数，只能等着挨打。其实，对方早已失掉重心，输掉神经中心，神经上早已想逃跑以解脱困境。此时对方犯了推手躯体三大病之一的凸凹的"凹"字，通常说瘪啦。已方要抓住战机，顺对方想逃跑的瞬间，对方躯体已经出现凹状，呼吸处于吸的状态，对方的思维、呼吸、神经、动作、平衡等等处于败阵的态势。我松拿起对方，以实发放，将对方轻轻松松打出去，一拿一放，显示出太极内功之绝妙。

这一例对阵，失败方功夫不佳，贪功求胜，先有动意，身上、手上出力，暴露出自家的缺陷，自身的力点被对方察觉而捉住，失去平衡，丢掉重心而一败涂地。败在何处呢？败在以心脑接对方的进攻。奉劝练家，改变多年的思维习惯，前者认为"两军对阵勇者胜"，而笔者认为"两军对阵松者胜"，太极推手更是如此。从这起对阵战例中，失败一方过于心计，有动意，主动进攻，周身僵紧，是被对方捉住力点的缘故。

传统太极拳修炼和太极推手训练，是通过盘拳和双人推手去掉身上本力，本力是先天之力和后天随年龄增长之力。而接受太极拳修炼的人，就是经过脱胎换骨的修炼，从拳上练出内功，退去身上的本力。有可能在二人推手中周身透空，心脑和意念不去接对方进攻的双手或躯体，对方不会制造威胁，更不会带来危险。因为你没有出力，对方难以捉住你的力点。实践告诉深研太极拳者，二人放对带力进攻或防守不会拿到胜券。太极阴阳学说告诉你有力失败，力大失败得更惨。

二人推手较量，胜者非心脑不接难有胜数。"心脑不接"说着容易，操作十分困难。在太极拳界能达到心脑不接者少见。近几年在武术期刊上发表大量的太极推手动作照和示范照片，多为较技双方躯体上下肢相互交接，一方将对方打出去或摔出去也互不离身，双方胶着在一起。二人较技推手，心里不静，周身不净，难以脱离胶合状态，没有心脑不接之精深内功，只能凭二人经验，以自身的灵活和着法取胜。

严格地说，二人胶合状态的推手笔者不恭维，也不反对。因为传统太极拳层次性极强，因人而异不可强求一致。人家用力、用意、轻灵、笨拙等等技法，是人家的事，不要过多评论。经过修炼，从用力到用意，从笨拙有力到轻灵、松柔都会在拳的体用结合中体悟到，不要去指手画脚，评头论足。增长太极内功是悟性和时间的等待。

二、如何修炼心脑不接

如何修炼心脑不接，是一个值得探讨的课题。因为习练太极拳者众，一个县级市能组织起千人演练太极拳。当然，太极拳深研者只占百分之几。

只练拳不练推手，对太极拳的结构和内涵不能全部领悟，在练拳多年后，要逐渐去习练推手。推手不是用力气去和人家推，比个胜负，图个乐子。是找一两位志同道合者双方轻轻接触，从单手"打轮"始练，先平圆后竖圆，然后"打四手"，以掤、捋、挤、按、采、捌、肘、靠四正四隅八法入门。双人习练以练触觉神经为主，从力接到轻接触，从而到点接触，此式为力接——轻接——点接，三种接触的修炼。这是一个过程，这个过程要以双方悟性决定时间的长短。即使你悟性好，达到深层内功，也需要经常不断地进行内功修炼，业精于勤，学无止境，这是中华民族的美德。

三种接手之法，是总结推手、技击中的各个技艺层次不同的接手。初学推手阶段，一般都以力相接，这是难以回避的阶段，这个阶段不是短时间可以通过的。这是因为没有经过推手训练，人的本能要去用力与对方周旋。特别是对方以力攻来，接力者本能的反映是以力接对方的来力。从太极拳阴阳变化理念确认对方来力，应以松接、空接化掉，要给对方来力找出路。给对方来力找出路一般讲有四个：一是引进对方来力向己左后方，使其落空；二是引进对方来力向己之右后方，使其引进落空。在引进对方来力向左右后方化解时，自己千万不可出力；三是将对方来力引于脚下；四为中定，对方的力出不来憋闷在对方身上。当然，中定为上乘内功，中定功为三不动：手不动、不丢、不顶。功夫反映在手上，实为周身全体综合内功，初、中乘功夫者难以把握。大道修行不深还不能退去本力、拙力，以力相接，只有顶牛，别无他法，这也需要时间的等待。人们常说，练拳达到什么功不是目的，重要的是过程。这话说得很好，太极拳常练常新，一遍有一遍的收获，一遍有一遍的体验。给对方来力找出路不止此四种，还有许多功法。因为双方较技，拳打两不知，对方进攻的路数多变，无规律可寻，只能随机应变，其中都有心脑相接的意识。

心脑不接是上乘的太极内功，在推手、技击活动中，是操胜券的根本。具有心脑不接内功的上乘修炼，在与人较技接手时，手上不挂力，与对方接手不接力。准确做到手不接对方力的同时，心和脑也与对方不相接触，如此操作，对方对己没有威胁。相反，对方没有内功功底，进攻手为力手，己之心脑不接，则会给对方造成极大威胁。如果功力相差极为悬殊，诸如脚下重心不稳，有飘浮感，胸部憋闷、头晕，感觉眼前有一个深坑，有站在坑沿之惧，向前不敢进，后退不敢动，受制于对方而动弹不得。这种状态属于友情习练，如果动真格的，在失去重心的瞬间早已被对手发放出去。

心脑不接的上乘内功是周身的综合功力。是在常年的循太极拳规律的修炼中，在以阴阳学说规范的拳技中，积累深厚的太极内功。从脚到手的膝、胯、腰、肩、肘、腕九大关节要松开，且节节贯串。舒松周身九大关节，左右手指 28 个小关节，左右腕十几个骨关节。还要溜臀、裹裆、收腹、收吸腹股沟，以及胸、背、颈、顶等部位均要按规范放松，是需要一个长过程。各个部位的放松是渐变，绝不是突变，凡深研太极拳者要有一个长时间艰苦修炼的准备。以上人身各个部位按太极阴阳学说规范放松以后，有可能遇对手，心态平和自然操作心脑不接。如果心神意气仍不能放松，精神紧张也无法操作。

第十九节　推手与技击

太极拳讲究体用结合，凡习练几年太极拳的人，练几年拳之后都想着学练推手。

一、推　手

太极推手不是太极拳的打法，或者说不是惟一的打法。主要以双人推手训练习练者触觉神经的听劲能力和掤、捋、挤、按、采、挒、肘、靠八种劲法。这里说的"劲"不是先天本力，也不是后天的力量，是以"劲"说明通过太极拳阴阳变转，举动轻灵，用意不用力，屈伸训练阴阳相济太极内功的术语。先辈认为推手有误导之嫌，称为"打四手""揭手""揉手"。

关于推手的叫法，从前辈拳师继承下来沿袭至今。笔者认为推手的"推"字不符合太极拳"用意不用力"的原则，容易从"推"字误导学练者用力去推，且有动意，意念大。

已故太极拳大师汪永泉在《杨式太极拳述真》一书里是这样说的："揉手又名推手，为避免因'推手'而产生猛推硬搡之误解，故在此引用前人'揉手'之称谓。"

"揉手"顾名思义，从字面上很容易理解，揉手不用力，符合"用意不用力"，"一举动，周身俱要轻灵"的原则。

　　"推手"运动流行很广，两个人在一起推来推去，冬天浑身发热，出一身汗很舒服，又像互相按摩，所以受到学练者的喜爱。国家将推手列为竞赛项目，此举受到太极拳爱好者的欢迎，不练太极拳的人也去练推手，此项活动开展得比较广泛。

　　推手训练是为了退去身上的本力增长太极内功。通过相互推手训练，从中体验太极拳阴阳变化、举动轻灵、动静虚实、中正安舒之奥妙。从相互的重心变动中，身形不是刻意的进退，而是随左右虚腿、实腿的虚实变动中去体验身形中正、不主动，不妄动。推手训练从脚下始练，双脚平松落地，不要踩地，似站在厚草坪上，有一种飘浮之感，太极拳术语称为脚下双轻。双手要空，双手虚灵相接，给对方一种虚虚的不接不挡的感觉。两人将四正四隅、四面八方走圆活，别人看打四手似打一个圆轮子，这是双人推手基本功的训练。而审敌听劲能力就要靠双人推手训练，提高触觉的灵敏。

　　我们皮肤上密布着许许多多难以计数的神经细胞，它们主管外界的冷热风寒，疼痛刺痒及意外的碰撞等等。神经从外界得到的信息，在我们练太极拳者身上又有多于常人的功能。人的手指梢上布满难以计数的末梢神经。手上的末梢神经极为敏感，手指触到对方的手或肢体上，这便是"听劲"，听劲功能遍及周身。身上任何部位都可以"听劲"，将触到的一切快速输入大脑，大脑再发出指令，手部迅速松弛化解对方来力……

　　"听劲"是太极修炼者在松柔动态中运动肢体所特有的"灵敏的触觉"，也可解释为太极拳人的特殊感觉。听劲是触觉修炼，如何修炼触觉呢？

　　训练方法是太极拳有别于其他拳种的"用意不用力"，

"一举动，周身俱要轻灵"的独特拳法。触觉训练中如果不注意轻灵、松柔、以心行意、用意不用力，训练不会有成果，手上有力难以在触觉功能上有任何突破。如果想在太极拳王国获得自由，动则阴阳变化，否则就不是太极拳。练功要尊老子之"道法自然"，用拙力，就不自然，不自然难以轻灵。

在松柔动态运动中，两人不倚不离，忽隐忽现，似接非接，在揉手艺术中，皮肤和手指的触觉功能得到很好的训练。如没有共练武伴，一个人可以去揉松软富有弹性的细小树枝，也可以揉窗帘，或者将衣服悬挂起来推揉，都能起到修炼触觉的良好效果。记得在杨禹廷老师家中跟他打四手，根本就没有一点主动权，随着他的手，总是扑空，感到他的手似有似无在前边很远的地方，脚下站立不稳，像站在晃动的船上。

双人推手，看上去二人在推手，这是形于双手。太极高手可不是用手在推，而随时在脚上变换着阴阳虚实，看似推手，实际在推脚。说到根子上，推手不是太极拳的打法，是训练习练者的松空内功、触觉神经，训练柔化，训练接手，诸如训练学子以静待动、用意不用力、引进落空，敢于舍己从人、以柔克刚、以小胜大、以弱胜强，在推手中得到太极拳的真谛。

二、技 击

太极大师杨禹廷谈到对技击的看法说："打人容易，摔人难。摔人容易，发放人难。"一个人将一个身高体重差不多的人发放出去，是件极为艰难的事情。太极拳家王培生老师说："拿得起才能放得下。"意思是只要你能将一百多斤一个人轻松拿起来，方可能将对方发放出去。这种拿人的拳法，不是一般功夫所为。

二人较技技击，是保持自己的重心稳固，阴阳平衡不被对方破坏，而去破坏对方的平衡，使对方失去平衡。引进对方使其落空，迫使他失去自身重心的稳固而跌出。近来圈内颇有一些议论，认为内家技击失传，是一味练"松"，使"内家拳遭到灭顶之灾"，提出"练紧不练松，紧到自然成功"。如果练紧，能紧过搏击、格斗、散打吗？据说拳击运动出拳力达500到800磅，一拳能打碎牛头，但人家出虚拳时似蟋蟀的触角轻到极致。武术有松便有紧，一个门派有一个传授，内家松派别说人家紧，外家紧派也甭说他人松。传统文化遗产能流传至今几千年，不科学、无自家特点早已被淘汰，能够传承下来几千年便有生机活力，要研究人家的特点和长处。

也有人议论太极拳能不能打人的问题。太极拳从雏形到完美走过几千年的道路，没有科学的技击实践，恐怕也难生存下来。太极拳当然能打人，近年来党和政府提倡太极拳养生，很多慢性病患者、康复者误认为太极拳是保健养生练的拳，这是对太极拳片面的看法。其实，太极拳不仅能打人，而且有更高层次的技击功能。太极拳打人，非不能而不为也。太极拳是武术，经过演变、发展、提高，已经达到完美的阶段。太极拳理论宝库十分丰富，如拳论、拳经、拳诀、拳解、拳法、拳要、要言等等，其中《太极拳论》曾指导了几代人修炼。如果太极拳不能打人，不具备技击功能，也不会流传到今天。世界自热兵器诞生之后，冷兵器时代的历史画卷就翻了过去，武术对抗由当代搏击、散打所替代。换一个角度审视太极拳拳艺，三丰祖师遗训："欲天下豪杰延年益寿，不徒作技艺之末也。"祖师爷是不提倡打人的。

太极拳成为一种健体、强身、祛病、益脑、开发潜能、益寿、养生最佳的体育项目，受到世界人民的欢迎和喜爱。我们民族的太极文化被世界人民所接受，所吸纳，为人类的健康作出贡献，因此，人们渐渐淡忘了太极拳的技击作用。

太极拳博大精深，难度是"太极十年不出门"，在现代科技经济高速发展的今天，谁有时间去练十年也练不好的太极拳。太极拳要求阴阳变转、动静开合、举动轻灵、用意不用力等等，这些功法恰恰与人的本能相悖。人类为了生存，从幼年便用力，到成年养成用力的习惯。练太极拳用意不用力，这便难为了成年人，怎么练本力也退不掉，用力推手是本能力量的发挥，招法是智慧的显示。太极拳的阴阳变转、举动轻灵、用意不用力等功法，在绝大多数人身上难以实行，当前太极拳的出路，只有保健、养生、增强民族体质这件事了。

第二十节 解析《太极拳论》

太极拳理论家王宗岳的《太极拳论》是太极拳学之经典，是研习太极拳学的极好教材。在学习太极拳前，先读《太极拳论》，很有兴味，定要细读、精读，掩卷冥想，意味深长，从而对太极拳有了初步认识。

太极拳习练者不是学校的学生，同入一年级直到升入大学。习拳者年龄相差较大，社会经历各异，文化背景也不相同，没有统一教材，很难在同一水平上说话。另外，所从之师、教练的水准、教学方法亦不同，而太极拳学的层次性颇严格，还要看从学者的悟性。练太极拳是学得、练得，究其睿智是悟得，难以统一教学。

一、"阴阳之母"

《太极拳论》开宗明义："太极者，无极而生，动静之机，阴阳之母也。"在拳论的结束，又强调习练太极拳，关键是"阴不离阳，阳不离阴，阴阳相济"。太极拳是独具特性、独树一帜的拳种，它以阴阳为根本，离开阴阳便没有太极拳，太极拳是在阴阳变化中运行的拳。

《太极拳论》仅仅 480 个字，却将太极拳之根本，如何修炼，习练中注意的重点，以及研习拳艺的终极目的，说得极为详尽。显示其功理精深，功法透彻，哲理服人。练太极拳一定要循太极拳阴阳学说，按功理功法规范练习，否则"差之毫厘，谬以千里"。

什么是太极拳的阴阳呢？这个疑问困惑着众多学子。调查发现很多人不知何为阴阳，不知如何在练拳时操作阴阳。为什么师不传阴阳呢？阴阳功理功法深不见底，有的拳师怕麻烦，一句两句说不清楚，怕学生问，越问越多，不如不说。试问，没有阴阳，你传的还是太极拳吗？有的拳师为了给学生解惑，以伸为阳屈为阴教授阴阳变动，或者以呼为阳，吸为阴讲课。以屈伸呼吸示阴阳，在"小学生"教拳阶段还可以，往高层次修炼，就难以说清阴阳之道，难释太极拳阴阳转变的功理功法。

以外形难以道明阴阳，以动作讲也不科学，学生更糊涂。如"单鞭"掌变钩为阴，动作过程 2 秒钟完成，拉单鞭为阳大约要 15 秒钟完成，初学操作困难。再如"手挥琵琶"阴动为左掌从右隅位运动到左隅位，而"上步搬拦捶"的阳动，也是左掌从右隅位运动到左隅位，同一动作，一阴一阳。以动作分阴阳，如被学生"打破砂锅问到底"，老师难以回答，这是说不清道不明的动作。以呼吸更难以诠释，因为太极拳之呼吸为内气，"气遍身躯不稍滞"，不是常人的外呼吸。太极拳人为体呼吸，练拳不练拳手小指和足小趾都有呼吸动作。杨禹廷先生论述呼吸时说"用脚呼吸"，一语中的。太极拳的呼吸别于人们常用的"气"，简单地以呼吸诠释阴阳是不准确的。

太极拳的阴阳变转，阴不离阳，阳不离阴，阴阳相济，不容置疑。阴阳是太极拳之立论，练拳便在动作中以阴阳变动为根本。阴为意之隐，是虚，是空，是无，是开，是松柔，是虚灵，是舍己从人；阳是阴的对立面，是意之显，是实，是有，是合，是动，是坚刚。什么是阴不离阳，阳不离阴，阴阳相济呢？拳论云："天地为一大太极，人身为小太极，人身为太极之体。"人身为太极之体，并不是阴和阳单独存在，而是阴阳相济，人身整体是一个阴阳体，每一个局部均为阴阳混合，也就是阴阳相济，这种阴阳是摸得着看得见的。如果你以手指、手掌按在具有阴阳相济高层次的太极拳师身上的某一部位，按点或称接触点，按着为阳，对方接点上为阴，力点隐、虚、空、无。按空后想跑，由阳变阴，被按者的局部接触点，阴隐阳显跟踪追击。前两年到杭州讲学，当地拳友宴请我。席间一位壮年拳友扑过来，似黑云压城将我按在椅子上，此时他问："老师，起不来了吧？"我说着笑着站起来。问起原因，很简单，以空无使对方扑空解困。在技击中，以阴化中有打，别无他招，靠本力就站立不起来了。

有人问如何习练阴阳变转呢？杨式太极拳家杨振基先生说，太极拳功夫"是拳上练出来的"。杨禹廷大师说："太极拳就是一阴一阳两个势子，一通百通。"就如此简单么？是的。不练拳，身上怎么可能积累太极功夫呢？有人每天推手不练拳，这是对太极拳和太极功夫没有起码的认识，将练拳和太极功夫对立起来，是对太极拳之浅薄认识。

如何练拳呢？要循规蹈矩。杨禹廷是一位教学改革家，他将太极拳的各式以动作分出阴阳。以杨禹廷83式太极拳为例，他将每式分成若干动，单动为阴双动为阳，如"白鹤亮翅"4动，"玉女穿梭"20动，"单鞭"2动，83式共326动，其中163个阴动，163个阳动，阴阳平衡，体现拳论教导，"变转虚实须留意"。实际操作须留意阴阳动的起止点。阳动的止点是阴动的起点，相反，阴动的止点是阳动的起点，1、3、5、

7……为阴动，2、4、6、8……为阳动。明白太极拳阴阳相济之理后，练拳时把握阴阳就很容易了。阴阳有易学好求的操作性，修炼到此阶段，万万不可疏忽，自以为得到阴阳变动之拳法，常此下去便可功成。太极拳博大精深，还要扎扎实实循规蹈矩，一步一个脚印，单动阴，双动阳，准确地按规范操作，练一次有一次的收获，一次有一次的体验，不可贪多求快。

太极拳有一个理，"理为一贯"。只要你练的是太极拳，均可采用杨禹廷先生的阴阳操作拳法。太极拳的屈伸、上下、左顾、右盼等动作，都是由阴阳组成。如果过去不习惯，从现在起始，要将动作分为阴阳，以阴阳变转行功，只要遵照太极拳的规律习练，按拳功理规范行动，只要下工夫没有不成功的。把握了阴阳变转操作，要注意在阴阳起止点的时候，杨禹廷先生称之为"接头"，拳论称之为"留意"。杨禹廷先生告诉学生，在阴阳起止点上注意阴阳变转，在阴阳瞬间变转的"接头"，阴再阴一次，阳再阳一次，学名称之为虚中虚，实中实。将阴阳变转渗入到每个动作中去，使任何阶层的人士习练太极拳时都能从阴阳变动中认识太极拳，把握拳之操作，进而向深层修炼打开方便之门。

奉劝太极拳深研者，拳场演练是练中得，深研太极拳究其道，研其理，还要坐下来读书，读书明理方可修大道。书理明白，理论指导实践。不明拳理是盲练，明理是悟道，说到根上是悟得阴阳变化的修炼者要注意脚下的阴阳变转，其根在脚！

二、"动之则分"

王宗岳在《太极拳论》中，论道阴阳后说，"动之则分，静之则合。"在学拳中常听拳师讲此话，但如何分，怎样去合？

太极拳讲究身形手势，从功法讲，外三合，手、脚、膝、肘、肩、胯，都有要求。即手与脚合，膝与肘合、胯与肩合。脚虚平松着地，脚向下松，膝向上松提（不要有意上提），上下分，上下肢的关节都要松开。"动则分"的拳理极为科学，避免太极双重之病。《十三势行功心解》云："有上即有下，有前即有后，有左即有右。如意要向上，即寓下意。"盘拳有虚实手，虚实手是分着的。不能左右手同时发、拿、打、化，向左采对方，其意向右，否则双重，大家可以演练。"左重则左虚，右重则右杳"，虚实须分清楚。

"动之则分"在每个拳势中多有体现。以杨禹廷83式拳为例，起势4动，揽雀尾8动，斜单鞭2动。单动为阴，双动为阳，动与动之间是阴与阳之变转。拳论《十三势歌诀》云："变转虚实须留意。"提示我们在势与势接头的当口，学术名称为变转。变是动，是变化，一定要分，动之则分。怎么分，细说为指尖与指根分，指根与掌分，掌与肘分，肘与肩分，也含指与肩分，手与脚上下分，脚与膝分……总体腰为主宰，腰起到承上启下之作用。动之则分，从腰分，腰是坐标点，上松到手，下松到脚，全身都开了。动分腰不好求，要在练拳中慢慢体会，腰分为开合，没有一定的功夫，难以把握。在没有开合功夫之前，以松脚行功，在阴阳接头之时，阴动或阳动之前，松一次脚。有人问不知如何操作，按照你的理解去松脚就是了。每次练拳，一个势练完再练下一个势的接头，先松一次脚，天长日久，就能找到动之则分的感觉，进而再深研，把握松腰的技艺。

"动之则分"是修太极拳大道。有的朋友认为动分很难操作。操作是拳是术，大道是理是道，术和道是一个课题的两个不同方面，知理者智。老子说，"大道甚夷，而人好径"。

动之则分，分什么？分阴阳。盘拳练功的阴阳变转操作不同于推手、技击的阴阳变化。因为，盘拳行功操作时，盘拳有固定的路线，也就是拳套路的路线。拳套路路线是由阴动和阳动组成，一阴一阳，一处有一处虚实，阴阳平衡。从起势到收势，均为阴阳动组成。例如起势4动，两个阴动（1、3），两个阳动（2、4）。阴动的止点是阳动的起点，阳动的止点是阴动的起点。按照太极阴阳学说规范行功，盘拳如行云流水，在阴阳变转中，动态运行，想停也停不下来。阴阳变转的起止点的功法是科学的拳艺。

推手和技击的"动之则分"与盘拳的动分阴阳不同，因为拳的路线是固定的，按拳的规律行功，而推手和技击是两个人较技，两人放对拳打两不知，也无固定路线。两人交手就不能默守盘拳时的规矩，人家一拳打过来，你说人家不阴先阳，人家并不买你的账，迎面便是一拳，将你打翻在地。二人较技之前，你应该按太极拳阴阳学说规范行功，四梢空接手，以松柔、松空、松无等待对方来手。此式称谓"以静制动，以虚待实，后发先制"。以静制动的"静"，是指精神，心神意气，是看不到摸不着、但可以感觉到的气质，大道以虚静为本，心静可通神明。这个"静"，也指外形，周身肢体的净，身上手脚松得很净，手上干净，还要由练家根据自己多年修炼的功夫，自己去体会。静与净到哪个层次说哪个层次的话。静与净的状态从内修中体会。经络活跃，血管畅顺，脊椎有胀热感，每个大关节虚灵，顶上有种虚灵的精神，使你有挺拔感，周身浑圆一体有腾虚之感。周身皮肤像一个向外充气的球，或似撑开的伞。此时人体结构发生变化，已经达到"关节要松，皮毛要攻，节节贯串，虚灵在中"的体能。习练者如果不具备高深松柔内功，周身上下内外难以动分阴阳，希望暂时先不要去推手。化不去对方来力，强努应付或去推碰操，关节反而僵紧，影响内功修炼进程。

"静之则合"，这是练拳多年之后都明白的拳理。以拳论解释"合"，就是"完整一气"。盘拳阳变阴有一瞬间的"实中实"。所谓"实中实"，是在阳动结束，阴动起始的瞬间变转之前，再实一次，也就是阳动手引脚到终点。手再引脚，是手脚的意念舒展，手为1脚为2。神、意、气、躯干、肢体短暂的内外相合，在技击运用时，合为周身肢体的短暂的完整一气，是高层次的浑圆一体。与对方的接触部位，"沾连粘随不丢顶"，最忌主动、妄动，一丝一毫的主动、妄动也会破坏周身整体的完整一气，也是所谓的"一羽不能加，蝇虫不能落"，练家一定要注意这精妙之处。

太极拳技击是"一处有一处虚实，处处总此一虚实"，是"一动无有不动，一静无有不静"，"动之则分，静之则合"的周身上下内外相合的动和静，分与合，是"引进落空合即出"的合。这个"合"十分微妙，是检验练家是否从拳理、拳法，从盘拳修炼中认识理解，是否明白了阴阳为母，松柔为魂的太极拳之真谛。这个"合"十分难求。我们探讨的"合"是开合的合，是阴阳相济的合，是"上下相随人难进"的合，"牵动四两拨千斤"的拨即合。

动之则分，说到底仍离不开太极拳的根本——阴阳变化。《太极拳论》再三强调阴阳，是加深练家对阴阳为母的认识和理解。阴阳为母，练拳时只要一动，便要分阴阳，"人不知我，我独知人"是阴阳内功起支配主导作用。

三、太极技击之走

明白太极拳，懂得太极拳，不是理性的明白和懂，而是身上明白，周身的感受体验，从拳中悟得的知，是真知，真明白，术语为身知体悟，不是理论能说的明白，说懂，这是太极拳博大精深之处。

"人刚我柔谓之走"，从字面上很好理解。太极"由着熟渐悟懂劲"，懂劲就是身上明白太极拳之道理，理论与身上的实践结合，方可明白人刚我柔谓之走的深奥拳理。要去悟，悟更深一层拳理。

"走"，怎样走，哪里走？躲闪、走动、逃走、避开……我们在公园里常见二人推手一来一往，如果不是生推硬搡气喘吁吁，甚是好看。攻方捅来，防方侧身将攻方来手化出去，自己转危为安。此过程攻得清楚，走得明白，这也是走。这是外形的走，有形有象的走，看得见摸得着的走。这种走是本能的，是先天自然之能加上后天的着法。拳论说的走，不是这般容易的走，否则为什么写进《太极拳论》，拳论说的"走"，则是看不见摸不着的走。

拳论中的走是微观拳艺，对方以刚攻来，防方以柔化解来势的刚。这一来一化是在双方接触点上进行的较量，旁观者很难看出破绽。这是具有太极内功的高手较技，不是外形的较量，而是内功阴阳的变化。这个变化是极其微小的，太极拳悟道不深者难以理解。因为较技双方没有外形上的动作，而是在双方接触点上的微小变化。在观摩太极高手推手较技时，只能看技艺，不是看热闹。说起来容易，真正做到在接触点上

"走"开，不经过刻苦修炼，千万遍盘架子，"由着熟渐悟懂劲"，着熟仅仅完成功夫的一半，还有重要的一半，"渐悟懂劲"功夫在"悟"字上。真正提高太极拳技艺，不是练出来的，而是悟出来的。练是功夫的基础，悟是功夫的大成，要经过艰苦磨练。吴图南先生有一句名言："要有百折不挠的毅力，脱胎换骨的精神。"拳师常讲的"三明三昧"，指拳艺在糊涂与明白、明白与糊涂之间提高。没有高深太极功夫，就不能完成在接触点上化解对方的攻击，不是有形有象的走。有一位拳师说得极对："有形有象皆是假。"而以无形无象以柔化解攻来的刚，这才是太极深层功夫的"走"。

那么"我顺人背谓之粘"，又是怎么理解呢？顺、背有没有互换？

这句也是说攻防双方的辩证法，我顺对方背。顺和背通俗讲解二人较技，你舒服对方不舒服，对方舒服则你不舒服。攻防双方在接手之前，跟下象棋一样楚河为界，各自有各自的"领地"，而在楚河界上接手，双方开始了攻防。所谓"楚河为界"，是双方面对面站好位，双方伸出手，手背接触手背，从上直到脚下，有一条看不见的线就是"楚河"。双方都想占领对方的"领土、领空"，就是拳人说的"抢位"或"抢中"。怎么抢法，在说清楚这个问题之前，先讲什么是太极拳的打法。

太极拳是武术，武术有什么打法，太极拳理应有什么打法。但是太极拳还有它的特殊性，它的理论基础源于《易经》，太极拳十分重视运用阴阳。太极推手不是太极拳的打法，或者说不是太极拳惟一的打法。推手是太极拳的一种教学方法，以推手训练人的掤、捋、挤、按、采、挒、肘、靠八法，以及练拳者手上触觉神经的审敌听劲以及沾连粘随的太极功夫。太极拳的打法是：

1. 以心行意，以意导体，以体导气，以气运身，用意不用拙力；

2. 以静制动，无形无象，上下相随，后发先制；

3. 以柔克刚，刚柔相济，以点制面，化中有打；

4. 以小胜大，以弱制强，引动四两拨千斤。

太极本无法，动就是法，太极打法也不只是四种，仅仅归纳而已。每种打法都是太极功夫的综合应用。我们明白了太极拳的打法，那么，怎样方可"我顺人背"呢？双方接触以"楚河为界"，在接触前谁也没威胁谁，在双方接手的一刹间，功夫深的一方，周身松功较好，在接触前，早已在神、意、气"吃"上对方，使对方精神、呼吸、身体均感不适。拳论《身灵》中曰："彼劲方挨我皮毛，我之意已入彼骨里。"或者通过接触点侵入对方的"领地"，这是高层次功法。武术有一句俗语，"脚踏中门裆里钻"，这句话有形有象。太极功夫高明之处同样是脚踏中门裆里钻，但是它没有任何形或行动去"迈腿""脚踏"的动作，而是以意念通过接触点，"吃"进对方的来势，也就是化解对方接手时的意或劲，自己的意渗入到对方的腰使对方不适，也就是"背"。这就是我们说的"抢位"，抢对方的"中"位，使对方失重，谓之"以小胜大，以弱制强，引动四两拨千斤"。这个"中"应该是腰，也是重心，双方较技，占住自己的中，打对方的中，即可得胜。

"中"是什么？中是中心，也是我们的重心。有经验的拳师在双方较技时，先打对方的中心，也就是抢中，破坏了对方的中心，动摇他下盘的重心，对方就垮了。相反，在打对方的中心之时，也是自身暴露中心之时。在打对方中心的时候，要隐藏自己的中心，即拳家常说的"藏中"。棋经有一句名言："己病不除不可强攻"，拳人要牢记。

"动急则急应，动缓则缓应"。在处理上，凡懂劲的拳人都明白，太极拳很少主动进攻。双方接手，先是审敌听劲，不管对方攻来是急是缓，以阴柔吃掉攻方的力和劲，采取后发先制之战术，提前到达攻击目标。这种应变能力只有在实践中去体验，在双人训练中运用。

太极内功没有上身的朋友尚未达到身知、体悟的层次，往往提出"我快速出击你怎么办"，这是上面提到的"急"和"缓"的拳法问题。急应和缓应属于拳术，急应和缓应在身怀内功高手的身上，就不是术而是道。具有太极松空内功的太极拳家们武德高尚，不以胜负论英雄，他们在一起切磋拳艺，交流太极阴阳学说。给晚辈说拳，对方来手快或慢都打在一个空点上，不存在急应和缓应，在接触部位解决，以静制动，化中含打的高境界在阴阳变化静态中以松柔化去速度和来力。杨禹廷大师是一位武德高尚、谨慎的拳家，很少讲虚无故事。有一次他讲述一位青年向吴鉴泉大师请教，向大师出手，手刚刚接触到大师，张口便求饶，喊道："您撒手吧，我的脏腑全出来了。"有一次我在杨禹廷大师家中与他有一米多远，老爷子看着我，我无法向前迈步。

在松空内功上乘的太极大师面前不存在急应和缓应的问题。

四、着熟——懂劲——神明

中国有句家喻户晓的谚语："熟能生巧。"在技艺领域里，熟能生巧是不可置疑的。

先贤王宗岳在《太极拳论》中有句名言："由着熟渐悟懂

劲，由懂劲而阶及神明。"这句名言被太极拳习练者尊为经典，是入门得道的一条真理之路。我们后学者，学习先贤拳道，是要领悟先贤经论极其深刻的哲理和丰富的内涵。在习练过程中，不但要孜孜不倦，"冬练三九，夏练三伏，"还要悟。怎么练，如何悟呢?有一位聪明的太极拳家，练拳提出四多，即多练，多看，多问，多琢磨。

1. 多练

多练，不是一天打多少遍拳，而是循太极拳的规律，遵太极拳阴阳学说规范习练。拳师还告诉我们，要想得到太极功夫，习练就比一般锻炼身体要刻苦一些，要下苦工夫。老师说："拳打千遍，其理自现。"可见，太极拳绝不是一朝一夕轻松可得，而是要"脱胎换骨""百折不回"。上面说的"千遍"仅是形容。真打"千遍拳"，不是按拳理拳法循规蹈矩，即使二十年、万遍拳也拿不到太极真功夫。

上海一位拳师提倡每天盘七八遍拳，北京一位拳师每天练拳仅上午就是七小时，这是多么大的工夫。若干年之后，他道出习练太极拳的奥妙：不循规矩练拳是苦力劳役。下大工夫不是为了凑时，练遍数，而是一招一势按拳理拳法盘拳。盘拳要极为精确、到位，一势也不能马虎，该运行到多少度则按要求到达多少度。如，"云手"从左向右180°，不能打到160°。东西南北、东北、东南、西北、西南、四正位、四隅位，到位准确，循拳理拳法，按规矩练拳。所谓按规矩练拳，"规矩"二字不是官话名词，它包容深刻的内涵，有志深研太极功夫者在研习太极拳拳理拳法之始，不得忽略，定要首先深研拳之规矩。

规矩是什么，规矩是按照太极拳的规律习练太极拳。作为一名太极拳修炼者要深知什么是太极拳的规律。太极拳属于武术，是武术中一个门类，太极拳有武的共性，但又有其自身的特性。习练者不能以一般练武者的状态去练太极拳。太极拳是文化品味极高的拳种。在《太极拳论》中，开篇第一句"太极者，无极而生，阴阳之母，动静之机也"。习练太极拳首要的是练拳中有阴阳变动，即"阴不离阳，阳不离阴，阴阳相济"，拳中没有阴阳，将失去拳之魂，拳之根本。故阴阳为太极拳首要之规律，也称之为拳之特性。

习练太极拳重要是轻灵。练太极拳要"一举动，周身俱要轻灵"。练拳中，举手投足每个动作均应轻灵，这是太极拳的拳理拳法所决定的。研习太极拳，屈伸仰俯要轻灵，忽隐忽现，迈步如猫行。练拳中退去本力，剔除拙力。习练者用举重、打沙袋的架式练太极拳，有悖拳理。习练中还要求安舒中正，上下相随，用意不用力。总之，循太极拳的规律练拳，拳之规律，为阴阳、虚实、轻灵、开合等等。

练太极拳不循拳之规律习练，一味贪求多快，如杨式太极拳大师杨澄甫所说"恐日久入于滑拳"。圈内人都知道，改拳难，不要落入"练拳容易，改拳难"之窘境。

2. 多看

看，是观摩学习，拳人将这种学习称之为"流学"，流动学习。到各个公园练拳场，看各家拳师是怎样练拳的，观摩同辈拳人，是如何练拳的，观摩有益于自身修炼，看人家盘拳是怎么出手、提足的。

特别要看前辈拳师身形、手势和阴阳虚实，最为重要的，是看他们的神意，以及他那看不见摸不着但能感觉到的气感。看拳人练拳是立体的，每招每势可直接感受。拳人是带着内功行功走架的。每招是否到位，是用意盘架子，还是用力，这一切使旁观者清清楚楚，看个明白，像一面镜子照见自己，找到不足，提高拳艺。

看前辈拳师的拳照。有很多著名太极拳大师早已仙逝。我们虽然不能直接观摩他们的拳艺风采，但看他们的拳照，也是极好的学习。看拳师照片，势与势、阴阳是怎样变化的，看拳师的手脚是怎样结合的，看身体的中正安舒，看他们的心神、意气内外双修的诀要……由于看照片时间长了，能将死片"看活"，将照片看成动势，从中受益匪浅。

看大师是怎么练拳的。建议看大家、高手拳艺，要五看：一看实脚（腿）的运用，是否实足；二看虚脚（腿）是不是虚净，后脚跟真正虚着地；三看实手规范、到位，"抱七星"拇指对鼻尖和膝尖、脚尖是不是"三尖相对"，肘尖规范垂地不是翻肘；四看虚手真虚、虚净，而不是双重，四肢达到遵道而修，方向方位准确；五看周身整体，精神气感，虚灵神顶，完整一气，上下相随，内外相合。大师是我们的样板，看懂了大师，我们的拳技艺水平也上去了。

看书。坐下来读书，提高理论水平，以拳理指导练拳实践。读名家的拳谱、拳论、拳诀、俚语、要言等等。前辈拳师留下的太极拳理论著作，经过几代拳人的积累、口传、笔录，成为今天我们看到的印成书的理论。篇篇理论是前辈拳师的切身体验和修炼的经验总结。有的一语双关，有的虽仅一句却极为深奥，不去用心体会，从盘拳中琢磨是难以理解的。如拳论中提道："多误舍近求远"，从字面看，多数拳人舍近而求远，远到何方？"谬以千里"。这个问题，先要有一位明师指导，学子要循规蹈矩，两者密不可分。如果老师糊涂，学子难以明白。要读名家理论，只言片语也是有益的。民间布衣拳家往往一句话悟出道理，可能是大道。

当代拳师访谈文章不可不读，看他们是怎样修炼，对太极拳功夫是怎样认识，怎样理解的。读后茅塞顿开，眼前一片光亮，对学拳极有辅助、指导作用。行家里手看门道，不要看热闹。要看先贤练功的"门道"，从看文读书中找到通往修炼太极内功的通道。

3. 多问

为了准确掌握太极功夫，还要多问，边学边问，不厌其烦地问。问明师，问师兄弟，问高水平的理论家，以便提高对太极拳拳理的认识，以求解惑。

"听劲"，听劲是触觉神经的"问"。太极拳别于其他拳种，拳师讲腰，为了使学生能更快掌握技艺，让弟子摸他的腰，这叫听劲。这是太极拳训练学生的一种特殊性培训，其他拳种是没有的。听劲也称问劲，技击运用于审敌听劲，以弄清楚对方劲的来路去向。听劲是一种很精明的"问"，实践的问，少走很多弯路，解决太极拳难以用笔墨、用语言说清楚的难度大的问题，一听一问迎刃而解，一"听"了然。听劲是太极拳的学问，初涉拳场的人，还有练拳多年没有听劲训练，以及拙力未退的习练者三种人不能请他们听劲，他们不知听劲是学习，而以比赛的心态，以拙力接上后，脚空打晃也不撒手，往往拙力听劲，心里憋闷一口气也不离开，结果受内伤。

对初学者要帮助他们学习听劲，循循善诱，教导他们学练听劲，听老师是怎样在接触点上阴阳变化的，是怎样处理进攻和避力的，经常听劲是最好的学习，对内功上身有益。

我初学拳时，向一位老师学拳架，初始别人听劲可以，我听劲不允许，经过两年交往才允许听劲。可见习拳经历之艰难。

4. 多琢磨

多琢磨，也称之为"默识揣摩"。何为多琢磨，琢磨就是"悟"，严格地说，太极拳练到一定程度，太极功夫是悟出来的。大家所熟悉的拳论中"渐悟懂劲"，一语道破修炼太极功夫之真谛。首先要练、苦练、下工夫练，然后是悟。在扎实的拳理拳法的基础上，去琢磨，去揣摩，去悟。太极拳科学是悟得，练中悟。练拳的学问不是苦练得来，一位京剧老师说："要下工夫苦练，不是苦练功。"这是练功的诀窍。如果拳不对路，练得越多，走得越远。练拳要循规蹈矩。循太极拳学的规，蹈太极拳的矩，离开规矩是离经叛道。几十年下来，盲练一场。练中悟道而得最可靠。

太极拳的功夫是其大无外，其小无内。拳论有千百条，悟什么?悟阴阳。悟一招一势的虚实，虚实即阴阳。虚实宜分清楚，一处有一处虚实，处处总此一虚实。虚中有实，实中有虚，即阴不离阳，阳不离阴，这不仅仅是理论，练拳推手均如此。拳人每天练拳修炼阴阳，"学者悟透其中意，一身妙法豁然能"，功夫不负练功人，总有一天"悟透其中意"太极妙法上身，修炼达到最高境界。但是，太极功夫"学无止境"。从学习王宗岳的《太极拳论》中，明确"悟道"是学习太极拳学，修炼太极拳道之必然。先辈拳家谆谆告诫我们修炼太极拳重要的是过程，不是目的。如果以台阶比内功修炼的层次，修炼面前没有什么台阶，但循规蹈矩，内功在身体内有反应以后，眼前出现了一级台阶，拾阶而上，登上一级台阶后，看到了精彩的太极世界，还想上一级台阶，可前面没有可攀登的东西，又经一段规范的修炼，眼前又出现了第二级台阶，上面所能看到的体验到的太极世界精彩纷呈……经过漫长的努力，一个台阶一个台阶向上攀登。随着台阶的增长，内功上层次，进入太极空无世界，五光十色更为精彩绝妙。此时是不是太极内功已经进入神明境界了呢？庄子说"物量无穷，时无止"，眼前又出现了台阶……反反复复重复着一句话：学无止境，学无止境！

"四多"是身心双修；从"四多"中求懂劲，从"四多"中悟阶及神明。从"四多"中求心、神、意、气的安静；肢体躯干之虚净，获得太极拳之真谛。

在太极功夫修炼中，"四多"对习练者来讲，是不可缺少的最为重要的拳法。

五、虚领顶劲，忽隐忽现

"虚领顶劲"，从字面理解，都跟"尾闾中正神贯顶"联系在一起研究。"虚领顶劲"也叫"提顶"，头顶百会轻虚的往上领起，似头顶着一个分量不大的物件，跟臀部的尾闾骨成垂直，这是身法中正的首要条件。

看了不少理论文章，多从字面去解释。如果从太极修炼的深层研究，显得深度不够，或者说前辈拳师受历史局限说得不够详尽，影响初学者准确掌握顶的技艺。拳论关于顶的提法，共有"虚领顶劲""神贯顶""提顶""顶头悬"。四种顶的技艺，领、贯、提都属阴阳之阳，意大容易出劲。悬为阴，如果上边有一根绳提吊着还是阳。《现代汉语辞典》解，虚，空也。领，有十种解，动词，带领。提，提拿。悬，挂也。从太极拳阴阳学说解，领为阳，虚为阴，虚与领是一对不可协调的矛盾，不易统一的矛盾。从动作解，头顶被领出劲和意都大，不利修炼。头上顶一个分量轻的物件，哪怕一张纸，意也嫌大。从身形解，按拳理要求，依太极拳理，顶应称之谓"虚灵神顶"，就是将神意虚灵顶上。太极拳身法有四句要求，"关节要松、皮毛要攻、节节贯串、虚灵在中"，这四句要言是太极拳家应该把握的体能要求。拳人的周身虚灵无处不在，顶也要虚灵。不可提、领、贯，只有一个状态，是虚灵状态。且精神在顶，故称顶处于"虚灵神顶"。这个"神"视拳人修炼时间，功夫高低的理解能力而论。这个神可以是自己的精神，也可解为头顶上有太极阴阳图，还可以解释自己的精神显现在头顶上，主管阴阳。总之，从练拳第一天起，头顶永远保持虚灵。武禹襄在《十三势行功心解》中有一句拳之真谛，他写道："一举动，周身俱要轻灵。"以此我们可以推论，练拳、推手、技击，均要把握举动轻灵，符合太极拳拳理拳法规范的用意不用力，不轻灵有悖太极拳规律。身上僵紧的朋友坐在椅子上，被按住，就是起不来，轻灵能站不起来吗？轻灵也是虚灵，叫法不同，内涵一样，周身轻灵，从脚到顶都要虚灵，顶上虚灵便是，为什么还要去领顶、贯顶、提顶？不同层次的拳家，有不同的理解。顶上虚灵这一功法不能改变，否则难出功夫，功夫到位，内功上身虚灵无处不在，接触便出现虚灵，周身处处有虚灵。

关于"气沉丹田"，我向各家各派一些修养高的拳师讨教过，从他们练拳实践中，认为"气沉丹田"是不全面的，气不应停留在丹田，而是经过丹田通往脚下，从"涌泉"入地。用气时，再接地气从"涌泉"经丹田气遍周身。大师认为，丹田三不存："练劲丹田不存劲，练意丹田不存意，练气丹田不存气。"丹田绝对不可存气。气是活动的，"气遍周身不稍滞"，以气运身。

　　学习拳论的过程，是练拳修炼理论与拳法的实践，不能单从字面上理解，要从自己身上体验，符合的朝着正确的拳理拳法修炼，不符合，要走出来，琢磨、思考、请教明师，和拳友商榷，不要钻进死胡同出不来变成拳呆子。对待前人留下的经典，一定要继承、消化、发展。前人的大环境与当代相去甚远，历史背景不同，文化不同。通讯手段靠口头传播，有可能以讹传讹，或中间加入个人体会，甚至予以篡改，不要全盘接受，也不轻视，正确地用，有取有舍，是聪明的辩证学习。

　　关于"不偏不倚，忽隐忽现"。明阴阳的拳家不难理解，先贤告诉后来学子，练拳、推手、技击，切切注意中正安舒，不能偏也不可倚。从字面解，倚是歪，倚靠，站立不稳，偏倚，想找根拐棍，甚至给对方当拐棍。偏倚无中正可言。

　　练家从初入拳场习练，要警惕太极病慢慢侵入进来。

　　要时时警惕身形上的顶、偏、丢、抗、倚、凸凹、断续、缺陷，还有抽、拔、架、推、挡、挺以及磕打、猛撞、躲闪、生硬等等身形手上之病。离开循规蹈矩，很难克服身形手上之病，习惯成自然，一世难以改正。

六、左重则左虚，右重则右杳

　　《太极拳论》云："左重则左虚，右重则右杳。"先从字面上看，"虚"和"杳"作何解？从字面解，虚为空虚，虚空，空着。杳，远得不见踪影。

　　虚和杳，只能用太极技击功诠释。双方交手，切记不可犯手上双重和脚下双重之病。要四梢空接手，手上空不下来，要接手前变虚，虚接。对方按上左手，左手不给对方当拐棍。攻方来手为阳，防方接手为阴，对方左按空或采、捋空，右手变实手，攻击对方，防方右杳，胳膊仍在但变虚，对方什么也摸不着。这是从字面上理解左虚、右杳，虚和杳都是阴、化、拿。在技击技术方面，太极拳技击跟兄弟拳种的虚一样，阴中有阳，虚中有实，化中含打。杳有深远似洞有沾之感觉。左虚右杳，以阴虚对待攻方的阳攻，但是以阴化解，对攻方没有威胁，化中含打，对攻方有威慑力。

"仰之则弥高，俯之则弥深，进之则愈长，退之则愈促"，此四句是前辈拳人从实践中体会的高深功夫，点拨后人在修炼过程中要修大道不可近视，只看到眼前尺把远的距离。修大道就是意念在先，仰、俯、进、退。退不可太远，形不退，是脚下的阴阳变化，以自己的阴吃掉对方的意、劲，使对方不敢贸然进攻。而仰、俯、进是阳，以意念引导，仰无限高，俯无限深，进无限远，视线所及，神有多远，视线有多远。这也是太极拳的穿透力功夫。这种功夫只有在平时盘架子日积月累，一分一秒的积累，不是两三年可得的。这里还要着重商榷，关于仰、俯、进，可以仰之无限高，俯之无限深，进之无限远。但是要以自身功力而定，如果你的仰、俯、进只有 3 米的功力，不可仰、俯、进 4 米，那就丢了，这要在双人训练中自己去控制。还要注意，神、意不可在一个点上，当你发放对方时，神看 3 米处，意放 3 米处，十次大概有十次败，这是高层次功夫，不是几句话可以解释明白的，不到懂劲的高深层次，很难用笔墨说清楚。太极拳高手与人较技，双方接手，高手以高超的太极功夫，以阴虚、松柔听对方劲的来向，高手功夫高在他周身松柔、透空。接手听不到劲的来向和劲中，他早已将你身上劲的来路去向听得一清二楚，一动将受制于高手。"一羽不能加，蝇虫不能落"，指太极高手周身松净透空，各个关节松开，浑身汗毛立起（皮毛要攻），形容轻如羽毛、蝇虫般的力也进不去。相反，你亦应周身放松，虚灵得不能加入一羽毛落一蝇虫之力。太极高手的体能是"关节要松，皮毛要攻，节节贯串，虚灵在中"，遇到太极拳家，只要觉得接手空了，立即停下来，礼貌地认输，虚心诚意向对方讨教，一次不成再求，要像刘备请贤"三顾茅庐"。

高手松净后，你在高手面前站立感到不稳，甭谈发力，就是想去扶摸，你身上的反应已经站立不住，呼吸困难，只能等待挨打，决无还手之力。

这是人不知我、我独知人的功夫，在修炼中自然而得。一心想得到，而难以得到，这是绝学。

七、四两拨千斤

"四两拨千斤"之句在明代已在民间盛传。为了在拳人中准确理解此句，王宗岳宗师刻意将此句收入《太极拳论》，他不是在传道而是解惑。

从字面解，这句话已经很全面，告诉你太极拳不能以力取胜。有一位大学老师业余习武，认为"没有万斤之力不能拨千斤"，这种说法也是对太极功法知之尚浅。正确的说法惟"牵动四两拨千斤"（打手歌），"牵动"一词极妙地说明太极功夫的深奥。

"四两拨千斤，显非力胜"，这说得极对。行功较技，用意不用力，用力永远不明何为"牵动四两拨千斤"。拳论说得极为明白，"斯技旁门甚多，虽势有区别，概不外壮欺弱，慢让快耳，有力打无力，手慢让手快，是皆先天自然之能"。这几句告诉习练者，不管你什么拳，也不管你用功多少年，你的本力不扔掉，你的功夫仍然没有离开"先天自然之能"，身上、手上没有功夫，最好的功夫也就是本力加招法，离功法相差甚远。

那么怎么去"牵动四两拨千斤"呢?最妙的招法是"抢位"，抢位是内功功力不深的情况下采取的拳法。

"抢位"也称"抢中"，是抢占对方上下空间使之失重。

所谓抢位，攻防双方对面相站，互相接手，在接手的一瞬间，微妙的变化就开始了，接手双方在审敌听劲当中进行抢位。抢什么位?双方对面相站，双方的位置在一平方米之内，每人半平方米。双方接触的瞬间，高手的劲通过接触点渗进对方的身体，甚至更远。抢占对方地盘，逼使对方失重。在对方失重的情况下，达到"牵动"的目的。对方在失重的状态下，进攻的速度停不下来而扑空，防方拨动他，使他听你的话，得到的结果是"任他巨力来打你，牵动四两拨千斤"。这里还有一个技艺问题，当对方失重时，你与对方的接触点要脱离，拳家看这种胶合状态，常喊一声"撒手"，对方自然跃出，如果仍胶合在一起，等于双方互相当拐棍。或用身体支撑对方失重的躯体，你仍未能达到"拨千斤"的目的。

拳论有"察四两拨千斤之句"，后面又有"本是舍己从人，多误舍近求远"，同一拳论中的技击指导性理论立论不同。"四两拨千斤"为阴阳之阳理，"舍己从人"为拳之阴理，舍己从人为上乘太极功夫，"拨"就易于出力。

《打手歌》中有"牵动四两拨千斤"之句。根据王宗岳宗师《太极拳论》可以推论，遇对方来力，应以"舍己从人""引进落空"为上乘拳法，使对手扑空失重。在王宗岳以前的太极拳圈子里，"四两拨千斤"是脍炙人口的句子，在社会上已广为流传。在拳场广为太极拳练家在推手技击中使用。王宗岳是极为严谨的哲学家，他在撰写拳论时，认为"牵动和拨"有力胜之嫌。他又不好直接反对，不纠正，误导下去，有悖太极拳拳理，承传下去，将对太极拳高层次的松柔、松空、松无有极大的冲击，影响太极拳学的传播。他写道："察四两拨千斤之句，显非力胜"，反对以力胜人。

又写道"舍己从人，引进落空"的太极高层次的空、无内功，以抵消"牵、拨"之影响，为后人继承和发展，铺平大道。

理解先贤的太极拳理论，从练中悟，练中体验最为准确，道听途说是最靠不住的。

八、关于双重

凡技艺，包括拳艺在内，绝不是耗时间，"钢梁磨成针，功到自然成"，不一定。因为艺不是物质，有了梁可以磨成针，无梁可磨，有了时间艺不成者大有人在。

太极拳界更为艰难，杨露禅、杨澄甫之后，大师级拳人屈指可数。有一位拳家说练拳的人多如牛毛，功成者凤毛麟角。还有一位拳家说，真正练拳到境界者万里挑一，从杨露禅至今未出现"杨无敌"式的人物。不得明师真传难成正果，但有了真传未能悟到，到时也是一场空。有的学生自己悟性差，没从老师手里得到真传，反说老师保守。为什么对师兄弟不保守？

太极拳要练，准确地说是悟道而得。有人学练太极拳多年，不能与人交手，交手就输，其原因很多，拳人最忌双重。手脚双重之病未除，不懂劲、易输手。欲去此病，须在根基上找原因。武禹襄在《十三势行功心解》中指出："有不得机得势处，身便散乱，其病必于腰腿求之。"从脚、腿、腰找毛病，要做到脚平松落地，腿松、腰隙，主要"须知阴阳，阴不离阳，阳不离阴，阴阳相济，方为懂劲"。因为不懂劲，不知对方劲的来路去方，劲真的到自己身上，又难以化解，结果落得不能运化，受制于人。

拳论的这句话是指技击的，如果你只求养生，从拳中得到乐趣是很有兴味的。如果练拳追求技击术也没有别的途径，只有静下心来，按拳理拳法循太极拳的规律刻苦修炼，用心去悟，否则太极功夫不会上身，这是自然朴素的拳理。太极拳属于武术，武术有什么打法，太极拳亦应有什么打法，但是太极拳有它的特性。太极技击别于兄弟拳种，不是先发制人、刚猛激烈向对手进攻，而是以静制动，后发先制，以小胜大，以柔克刚，引动四两拨千斤。当然，这些打法在双重状态下是无法取胜的。太极拳讲究阴阳、虚实、动静、开合、刚柔，没有这些特性也就没有太极拳技击。跟对方较技，双腿实实地站在那里，双手平均用力，这是上下双重，一碰即翻。太极技击，应该将太极拳之特性运用在战术中，在与对方交手时，应该运用以静制动的战术，在较技中运用阴阳、虚实，对方刚来，你要柔化，对方实来，你要虚接，如此交手，不能制胜，也不会一败涂地。

话说回来，修炼太极拳不是为了技击打人，如持这种心态很难成功。原因是心不静，心不静而艺不专，不专功不上身，这是修心养性的功夫。练太极拳，不应用力，而是通过练拳渐渐退去本力。总之,练拳时注意阴阳变化,举动轻灵,用意不用力,都是行拳的关要。

经过修炼,体能达到"全体透空",那么技击术将是在高境界状态下阴阳变化中的技击艺术。

双重,是太极拳之大忌。从古代先贤到近代大师,以及当代拳家,都十分重视避免太极拳训练中脚下出现双重之病。请看几位先师对双重之病的论述。

王宗岳在《太极拳论》中云:"偏重则随,双重则滞。每见数年纯功,不能运化者,率皆自为人制,双重之病未悟耳。"

李亦畬的《五字诀》在"身灵"一节里说:"身灵,举手可有呆象。有不相随处,身便散乱,便不得力,其病于腰腿求之。"

杨氏老谱《太极沉浮解》中云:"双重为病,失于填实,与沉不同也。"

吴图南大师说拳时多次提醒学生:"两足切忌双重。"

杨禹廷大师谈到放松双脚时,谆谆告诫学子:"双脚要放松平落,不要双重,实脚要实足,虚脚要虚净。"

陈式太极拳家陈照奎先生,从实践中总结出练拳"双重"之病50例。

以上先贤对太极拳的论述,提醒我们后来学子,在习练中须多注意避免脚下出现双重之病。如何避免双重呢?王宗岳论道:"欲避此病,须知阴阳,粘即是走,走即是粘,阴不离阳,阳不离阴,阴阳相济,方为懂劲。"先贤教旨明白准确。王宗岳还在《太极拳论》中开宗明义:"太极者,无极而生,阴阳之母,动静之机也。"没有阴阳,还是太极拳么?太极拳即是阴阳变化中的动态平衡运行及重心的变转。

什么是脚下双重和手上双重呢?凡太极拳习练者,在行功练拳过程中，以双脚（腿）支撑身体重量者，均称为脚下双重。双手虽不支撑身体重量，但在练拳时，双手不分阴阳，用力平均，或在推手、技击时双掌用力，均称之为手上双重。欲避手上、脚下双重之病，一定要循阴阳相济、阴阳变转之拳理，循规蹈矩。如果自己在练拳时，难以把握，一定请明师指教。

修炼太极拳多年之后，身上有了一定的功夫，也要经常纠正错误的练功姿势，以避免由于姿势有悖拳理规范带来的酸、麻、疼痛、憋气等感觉。双重之病仅是练太极拳中的弊病之一。先贤在拳论中曾指出，肢体之病有缺陷、凹凸、断续三大病，手上有顶、偏、丢、抗四大病。陈鑫大师亦有著名的"三十六病手"警示后人。

如果练家对太极拳认识不清，对拳道理解不深，在修炼中犯错也在所难免。其实，在练拳过程中，脚下常常会出现双重，这仅是暂时的，瞬间即逝，而单重是绝对的。武禹襄大师在《十三势行功心解》中云："虚实宜分清楚，一处有一处虚实，处处总此一虚实，周身节节贯串，勿令丝毫间断耳。"这是习太极拳者必须遵循的。杨式太极拳大师杨澄甫先生说道："太极拳分虚实为第一要义，右腿实左腿虚；左腿实则右腿虚。腿上不分虚实，迈步重滞为人所牵动。"

有拳家指出，有许多单势属于双重，如"如封似闭"。吴式太极拳的如封似闭，一阴一阳两动，结构严谨，虚实清楚，阴阳变转顺畅。第一动（阴）"抽拳立掌"，弓步变坐步，右腿为实，实足；左腿为虚，虚净。左脚跟虚着地，脚尖上扬，上下相随，左右手与左右脚虚实结合，也称外三合，即左脚虚、右手实，右脚虚、左手实。第二动"两手前按"，从右坐步变为左弓步，左脚实，右脚虚，右手实左腿虚，如此即不会出现双重。其实，脚下双重与否不在拳势，而在于练拳者对"阴阳"的认识和理解，对太极拳的结构是不是认真研究。在认识、理解拳架的基础上，明白阴阳变转，脚下、手上是不会出现双重的。

若不知双重为病，脚下仍以双重处理拳势，则功夫很难上身。带病工作是一种敬业精神，短时可以，常此以往则会加重病情，对健康不利，带"病"练拳同样不应该。社会上练传统太极拳的人不少犯双重之病，因为是传统拳架，后学者不敢轻易改动，也就一代代传下来。其实，太极拳习练者不但要继承，还要发展，要兴利去弊，有所扬弃，以免误导后学。

太极先贤从实践中悟出，双重之弊阻碍太极功夫的发展，近代太极大家又将双重列为弊病加以阐述，以警示后人，避免重蹈前人修炼误区。可惜，前人的警示与教导未受到有些习太极拳者的重视，以致不少拳家仍然陷于困惑、无奈之中。

九、舍己从人

"舍己从人"是技击内功运用中的高境界拳法，初学者难以把握。

"舍己从人"说起来容易，较技运用难，有人说："请神容易送神难"，不敢贸然"舍己"，"舍近求远"者多也。人一失重，六神无主，只有本能地去拉抓，拉抓不到任何救身之物，只好空跌出去。上前伸手，对方舍己空了你，失重跌出，这是技击最近的路，所谓"出手见输赢"，就是这个理儿。

但"舍己从人"是修炼多年的周身全体内外双修的手眼身

步，心神意气的综合功夫，用《授秘歌》的拳诀形容，是"无形无象，全体透空"的松柔功夫，欲修炼如此功夫，有以下几难：

1. 周身松柔难

周身放松，从脚到顶，关节要松，皮毛要攻，节节贯串，虚灵在中，尾闾中正，虚灵神顶。过了这道难关，身上不怕力，方可"舍己从人"。说其难也不难，踏踏实实，循太极拳规律练拳，不会出偏，是修炼内功的重要拳法。杨式太极拳大师杨振基先生说："太极功夫是拳上练出来的。"在放松 9 大关节和 54 个手脚小关节的同时，裹裆、溜臀、收腹、收吸左右腹股沟、圆背、展胸、收左右胸窝、弛颈 10 个部位要放松。请注意，周身均得到放松后，双肩有可能最后完全放松，也是真松。如果各部位在松开之前，肩放松了，这是假象，不是松而是灵活，灵活还不是真松。肩不松为双重，肩紧全身僵，也难以通顺内功进入身体的通道。

2. 审敌听劲难

双方接手审敌听劲，一般功夫还不具备听劲能力，不明对方劲路的由来和走向，还达不到"舍己从人"的功夫，不敢贸然引进。引进落空是较全面的太极功夫，只能引进无法使对方落空，最终仍是输手。

审敌听劲功夫要经过长期的训练，在手上空松的基础上，双人互相推手练习，从相互推手中练习触觉神经。这些触觉神经主管外界的冷热风寒，疼痛刺痒及意外的碰撞等等。身体与外界凡所能接触到的神经细胞所触觉到的反应都快速向脑部传递，由脑部将收集到的信息整理后向外发布指令。神经从外界得到的信息，在练太极拳者身上又有多于常人的功能。从解剖学得知，人的皮肤每寸都有难以计算的末梢神经。手上的末梢神经极为敏感，手指触到对方的手或肢体上，这便是"听劲"，听劲功能遍及周身。身上任何部位都可以"听劲"，将触到的一切急速输入大脑，而脑部经过排列组合，发出指令，手部迅速松弛化解对方来力……

"听劲"是太极修炼者独有的，也就是太极拳家经常在松柔动态中运行肢体所特有的"灵敏的触觉"，也可解释为太极拳人的特殊感觉，这就是"听劲"。听劲是触觉修炼，如何修炼触觉呢？

训练方法是太极拳别于其他拳种的"用意不用力""一举动，周身俱要轻灵"的独特拳法。触觉训练中如果不注意轻灵、松柔，以心行意，用意不用力，训练不会有成果，手上有力，难以在触觉功能上有任何突破。

要达到的目的是触觉功能的敏感。如果想在太极拳王国获得自由，练功要尊老子之道，"道法自然"。用拙力，就不自然，不自然就什么品味也没有了。

太极揉手，是两人不倚不离，忽隐忽现，似接非接，在离虚揉手艺术中，皮肤和手指的触觉功能得到很好的训练，没有共练的武伴怎么练习触觉呢？一个人可以去揉松软富有弹性的细小树枝，也可以揉窗帘，或将衣服挂起来推揉衣服，都能达到训练触觉的良好效果。

3. 敢于舍己难

有的人已练拳多年，有一定基础。当对方来手，轻轻一扶对方请他"进来"，就化险为夷。知阴阳有益于舍己从人，但有人不走此路，舍本求末，舍近求远，去进攻，去往对方身上用力，最后，互抱角力，与舍己从人背道而驰，永远也不知舍己从人是怎么回事。《打手要言》中说，"静是合，合中寓开。动则俱动，动是开，开中寓合，触之则旋转自如。无不得力，才能引进落空，四两拨千斤。平日走架，是知己功夫，一动势，先问自己周身合上数项否?稍有不合，即速改换，所以走架要慢不要快，打手是知人功夫，动静固是知人，仍是问己。自己安排得好，人一挨我，我不动彼丝毫，趁势而入，接定彼劲，彼自跌出。"

所谓"差之毫厘，谬以千里。学者不可不详辨焉"，是说太极拳技艺是学而习知之，苦练而得，也是悟而知之，归根到底是在学而习知的基础上悟道得之。凡习练者在修炼多年之后，如果基础不扎实，身上的毛病会不时显现出来。身上缺陷、凹凸、断续三大病;手上顶、扁、丢、抗四顽疾，清代陈鑫大师有 36 病手惊世之语，将 36 病手列举到我们面前。还有双浮、偏轻偏重、半浮半沉、半浮偏沉等诸病，困扰着众多练家顺利修成正果。

其实，从初入拳场习拳，在明师指导下，遵拳理拳法，按太极阴阳学说的教旨，就不会派生出身上、手上的毛病。凡练家有病身者，动则出病手，就是基础功不牢固，按规矩练拳是练家必须遵从的守则。拳病和人体患病一样，"冰冻三尺非一日之寒"，因为平时练拳不注意规矩，日积月累病入膏肓，其结果是"谬以千里"。

怎样去纠正谬误呢?在根基上找原因，太极拳论中多处都谈到，"其根在脚"，请在脚下找原因。修炼太极拳方向方位决定你是不是中正安舒，行拳不规范表现在脚，脚下差之毫厘，结果谬以千里。循太极拳道修炼，严格脚下的方位方向，请注意脚的修炼。

十、养生保健

我们修炼太极拳是为了什么，简单说，为健体、强身、祛病、延寿。说大一点，是增强体质提高全民族的健康水平。全民健身计划与张三丰祖师遗训一致。在《太极拳论》最后结束语，武当山张三丰祖师遗论，"欲天下豪杰延年益寿，不徒作技艺之末也"。

此遗论是太极拳论的结束，也是拳论之精华。《十三势歌诀》云，"益寿延年不老春"，企盼习武之人追求养生、延年、益寿之道，不图追求打人之学，那是技艺之末。但是恰恰相反，凡研习太极拳养生长寿者，门庭冷落，可以罗雀，而只要能打，用力用招不管怎么个打法，头上冠以"太极拳"，便门徒众多。拳人中盛传"杨无敌"，少有人传颂一代宗师张三丰。为何？三丰宗师打人的故事寥寥。其实，张三丰宗师是武林高手，先在五台山，后长居武当，继承导引吐纳之术，"无极为太极之母，即万物先天之机，动静相因"，修太极之道，延年益寿，习练太极拳要心态平和，不要在意识上埋藏功利，也不要抢强斗胜。金庸先生认为练太极拳，"以自然、柔韧、沉着、安舒为主旨，基本要点是保持自己的重心，并不主动攻击别人。保盈持泰，谦受益，满招损，那正是中国人政治哲学、人生哲学的要点。"这些议论是金先生的太极观。如果我们有这种"保盈持泰"的人生哲学，内功能不上身吗？

第二十一节 太极拳与高科技

太极拳与高科技有什么关联呢？这是太极深研者关注的课题。

太极拳与科技的关系，随时间的推移而渐渐被太极拳人所认识。太极拳人的文化水平不断提高，高文化层次太极拳人的数量不断增长，太极拳队伍已经形成了高知识阶层群体。高科技渗入太极拳技艺已经显现出来，诸如天体物理学、天文学、宇宙学，像反物质、暗物质等当代尖端科学技术，尤其纳米技术与太极拳的关系更为接近，有待我们深入去研究。

高科技与武术太极拳结缘颇深，我们是不能回避，也回避不了。现代体育不借高科技协助难以提升竞技质量，高科技助运动员一臂之力，能改变竞技状况，提高技术水平。最近报载，变异基因的改造技术，可以改变人体器官结构，腺病毒运输促红细胞生成素基因，在小老鼠身上试验，增加了红血球容量，血液红细胞的比例增加了一倍。如果这个试验在人体中进行，可以把更多的氧气输送到各个器官组织中去，可以大大增强运动员的耐力和体力。人体"变异基因"使运动员的基因得到改造，超量分泌红细胞生长素，结果使运动员的速度提高到20%以上。通俗理解"变异基因"是查不出来的兴奋剂，对竞技体育运动员，武术散打会有极大助力。凡事都会有制约，基因变异后，易患癌症，运动员知道这一负面影响之后，会远离它。

作为一名太极拳技艺的深研者，所说的高科技，不是借助高科技手段去提高技艺，诸如在身上装备隐形弹簧或者松柔器什么的。而是通过传统太极拳循规蹈矩阴阳学说规范行功，修炼到一定的境界，从人体中开发无限的潜能。也会生出些疑问，人类能量是有限的，如短跑运动员，百米10秒可称为飞人，举重运动员，在他举重纪录已经接近极限，再增加0.5公斤或更少也举不起来，怎能还有无限的潜能？

大家都知道孙悟空、济公还有八仙。说他们神通广大，可以呼风唤雨，洒豆成兵，往水上扔一片树叶，便可以飘洋过海堪称能量无限。人们尊称他们为古代仙人。中华武术历史上人才辈出，霸王、闯王、唐朝瓦岗英雄，宋代的梁山好汉，清雍正剑侠，近代的大刀王五，孙中山先生的保镖杜心武，燕子李三等武林高手。太极拳的高人，诸如蒋发、陈长兴和杨露禅、武禹襄诸位宗师先贤。20世纪太极拳界的杨澄甫、吴鉴泉、王茂斋、马岳梁、吴图南、杨禹廷、汪永泉等前辈都有神奇的内功，他们为现代"仙人"。古代仙人和现代"仙人"为什么有如此神奇的潜能，现代语说他们是"超人"。仙

图15

人之仙，超人之超，这仙气和超气从何而来，这是要探讨的太极拳与高科技的主题。他们与人类，特别是武术人有什么内在联系呢？太极大师的松空技术如此精妙绝伦是习练出来的武功吗？是悟出来的内功吗？从学太极大师杨禹廷老爷子的太极修为者数以千百计，学生往来也有万人，得道者寥寥。传说武禹襄大师将对方拿起又发回到坐椅上，杨澄甫打人似电击，吴鉴泉大师往对方面前松站，对方便求饶，说自己的脏腹要流出来了。有人推王茂斋手中的筐，自己糊里糊涂被打发到街上。马岳梁老师86岁高龄出访欧洲，一位德国壮汉马步站稳，马老轻轻触在他胸部，此人便后仰腾空跌出。吴图南先辈给学生"说手"，用眼看对方，对方便跌出数米以外。杨禹廷大师坐在太师椅上，左手放在八仙桌子上，手背朝天，笔者轻按他手背，顿感觉头脑一片空白，直上蹦起一米多高。当时老爷子已近九十高龄，提十斤重物也较困难，本人65公斤，未见他手动令人叫绝。当代健在的武术家王培生大师，站在他面前知道脚下是平地，但感觉面前、

图 16

左、右有三个大坑，面前的"大坑"深不见底，甚为恐惧。还有些太极大师，推他的身体或胳臂，推多大的力反回多大力，脚下发飘站立不稳，太极大师将对方发放数米之外，不是用的力，也不是意，因为意大是力，那么是哪里来的能量？笔者四

十年前，从著名京剧艺术家张有禄先生手中，得到一册吴鉴泉大师的拳解之后，便走上研习松柔、松空、松无太极拳的阴阳学说的大道。从接触拜访、从学京城的太极拳家吴图南、杨禹廷、崔毅士、汪永泉等诸位大师以后，对太极拳的认识和理解有了飞跃。笔者与学生在练拳推手行功中，偶然也出现松拿的情况，现选几张供同道研究（图15~17）。

图 17

笔者七十岁，而对方都是三十岁左右血气方刚的健康年华，欲将对方举起，是不可能的。以太极松空技艺将对方轻拿而起，应从道理上明析，其中是不是包容着太极拳道的松、空学的丰富内涵以及能量无限的潜能开发？笔者的内功根底浅，不能每次拿放对方得心应手，只是意思到了。在太极技击对抗中，大师发放对方有一个"打人如挂画"的赞词。笔者一向认为，一个人将一位与自身体重相当的人打发出去是大工程，这个工程是"内功工程"还是"能量释放工程"，笔者认为是潜能的开发，还是反物质、暗物质在人体中的作用，希望和同道深层探讨。

在现代高科技发展的今天，现代太极拳人与高科技有着不可割舍的内在联系。例如纳米衣料不渗水。我们的皮肤、肌肉、筋骨似纳米衣料一样不入力，这是太极中定内功。一根头发丝的直径有三万左右纳米粒子，微粒之小要用极高倍显微镜方可观察到。而太极拳技艺最微小单位是"点"，其小无内，显微镜是找不到的，因为是空无之点。

人体有经脉、穴位，我们的祖先早在几千年前运用经络诊治病痛，针扎在穴位上准确无误，半尺金针进入人体不痛不恐，消灾避祸。但是，人体解剖又找不到十四正经脉和几百个穴位，这是不是人体中的暗物质？把话拉回到太极拳道的阴阳学说，阴阳变化，在二人较技中，在太极高手将人发放出数米之外，是不是暗物质和反物质的碰撞，是不是暗物质在太极拳人身体中能量的喷发？几位近代太极宗师在技击较技中的神奇功夫，大师的神奇功夫是悟道而出，是练炼而得？

第二十二节　太极拳的
方位、方向

在太极拳修炼的长过程中，太极拳的方向、方位是很重要的。

太极拳不像八卦掌，初学要转掌。太极拳讲究内外双修，用意不用力；行功走架按照阴阳学说规范自己的动作，走弧形路线，要求将拳盘圆活。盘拳过程中十分注意方位方向，古代先贤以八门五步十三势训练弟子。拳论《太极四隅解》曰："四正即四方也，所谓掤、捋、挤、按也。初不知方能使圆，方圆复始之理。"太极拳的四正四隅八门不是八卦掌之八个方位，而太极拳习练有其自身的认识，按照太极拳之特性去理解太极拳的方向方位。盘架子时要严格遵循太极拳的弧形路线，立身中正安舒将拳盘圆活。

一、太极"八方线"来源

四正四隅演变为八门五步十三势，著名太极拳大师杨禹廷为了使学生将太极拳盘圆活，将八门五步十三势演进为"八方线"。在了解"八方线"之前，先要研讨一个浅显而又深刻的拳理问题，太极拳是什么？若以简洁意明而论，只有两个字：圆环。

没有人否认太极拳是圆环，可以清代拳师的拳经《乱环诀》为证：

> 乱环术法最难通，上下随合妙无穷。
> 陷敌深入乱环内，四两千斤着法成。
> 手脚齐进横竖找，掌中乱环落不空。
> 欲知环中法何在？发落点对即成功。

太极拳行拳不可横抹、竖直，要走弧线，这是太极拳的特性所决定的，是拳人的共识。太极拳家日复一日、年复一年的苦苦修炼，就是将拳熟练到轻灵圆活。那么，如何将太极拳盘的圆活，怎样走弧线呢？传统太极拳教学是承袭先辈拳师多年不变的传统教法，讲究八门五步十三势，八门为南（掤）、西（捋）、东（挤）、北（按）、西北（采）、东南（挒）、东北（肘）、西南（靠）。五步亦称五行，即前进（火）、后退（水）、左顾（木）、右盼（金）、中定（土）。以身分步，五行在意，支撑四正四隅八面。

太极拳教学承袭前辈拳师"口传心授"的教徒法。靠弟子的聪明才智，看他有没有灵气，悟性高不高，也就是机灵不机灵。机灵讨师傅喜欢，给多说几招，不招老师喜欢的放在一边让师兄带着。老师高兴了给说上几句，徒弟的进度也不一致，正中一句俗话"师傅领进门，修行在个人"，只能靠自己苦练偷学，讨老师高兴多教点功夫。那时交通闭塞通讯落后，没有印刷，有也印不起，老师教学落后，没有教材，没有教具，连起码的黑板粉笔也没有，只能靠口传心授。老师年岁大了，记忆力差，一个弟子一个说法，水平不等，说的功夫多少不同，理解能力参差不齐，弟子学习十分困难。

杨禹廷在反复实践中认识到，传统教学多以太极八卦图演释太极拳，这种拳法不能满足学子准确掌握习拳方法。杨禹廷受文化程度的限制，要驾驭这一教学改革是困难的，当时京城太极拳圈子里云聚不少名家大师，改动稍有不妥定会惹出是非，长辈不接受这一新生事物，改革将成泡影。但是杨禹廷以惊人的聪明才智，以朴素的几何学"外接圆"原理，将八角八平面的八卦太极图外缘以圆线连接起来，使八角八平面的八卦太极图成为一个360°圆形。

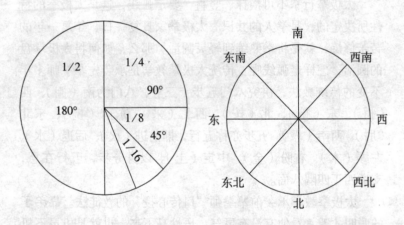

图18　八方线图

杨禹廷创出"八方线"是太极拳教学的突破性改革，八方线被公认为是布局周密，照顾全面，合理利用空间的拳艺功法。拳人盘拳练功的位置便是八方线的中心。如同圆规的两只脚，一只脚不动作为轴心，另一只脚围绕轴心画一圆环，轴便是站立的位置，四面八方形成一个360°的圆。拳人在中心位置盘拳，以拳势作为"材料"，一招一势盘拳，是以招势的"材料""搭建"一个架子，人在中间"盘架子"的过程，是以上下左右循弧线行拳修炼的过程，也是将拳走圆的过程。经过长年练功，日复一日，年复一年的盘架子，太极功夫自然从身上反映出来，周身各大小关节出现螺旋劲，这是无形无象全身透空的上乘功夫。也可以两个人或多人研究，在拳势轻、灵、圆、活上下工夫，将拳走圆。两个人找劲很难有螺旋劲的太极功夫，如果能找到也是"小窍门"而已。有位拳师曾经说过："两个人找劲，什么也找不着。越找离太极拳越远，最后也不知道太极拳是什么味。"

"八方线"是将拳盘圆的最佳方法。有八方线，练拳的方向、方位准确而不会出偏。只要牢牢把握"八方线"修炼法，循八方线习练，方可得到高境界的太极功夫。

二、轻扶"八方线"

凡事都有正反两方面的结果。有了八方线这一修炼法门，为什么还有一世无成者呢？在 20 世纪 70 年代末，我带着这个问题，曾请教过杨禹廷老人家，他说："凡未达到功成者，是他们怕麻烦。"一语道破未成功者的症结。有"八方线"这一法宝，但没有循阴阳学说的根基去修太极拳八方线拳法。拳论《身形腰顶》云："身形腰顶岂可无，缺一何必费功夫！舍此真理终何极？十年数载亦糊涂。"这是百年前先辈拳师的实践总结。凡修炼太极拳，定要循规蹈矩，舍此，十年数载，枉费工夫可能一生空忙。所谓循规蹈矩，是按照太极拳拳理修炼太极拳。练拳要遵道而修，修炼太极，就要有一个太极身形，还要有一双太极脚，两只太极手，否则难以功成。

1. 手松方可轻扶

修炼太极拳不能跟生活中的身形手脚一样。生活中的身形手脚是有力的，而太极拳要求修炼者处于无极状态。所谓无极状态，是尽可能全身放松，各个大小关节松开且节节贯穿，松肩、垂肘、舒松手腕、空松腰、胯、虚灵双膝，绝对不要着力，松弛脚踝，双脚平松落地不要踩地，手松而且要净。一时难以松净，练拳时手上不着力，久之手上自然松净下来，最理想的手是"妙手空空"。身形手脚具备要求后，在练拳时心脑安静，这叫"澄源清流"，就开始练拳了。练拳站在八方线中央，你的实脚为八方线中心点，行拳时手尽量不着力，以净手食指轻轻扶着八方线行拳。请注意轻扶八方线行拳跟平时练拳相同，似行云流水绵绵不断。不同的是，你的实手食指有一种感觉，也就是意念，这个意念成为一个"点"，行拳轻轻扶着意念点，循拳路线，势断而轻扶不断。尽管套路虚实变化多端，但实手轻扶的意念点不变，变化的只有阴阳虚实，不变的是轻扶八方线。轻扶的关键一要轻、二要扶，扶住不断更不能丢，轻扶习惯了、熟了，自然意动神随。行拳自然轻扶，身上各部位就会松下来，没有僵滞不爽之处，有一种圆活趣味，这时离盘拳轻灵圆活也就不远了。

2. 再论松腰、空手

关于太极拳的松功，从脚往上，周身上下九大关节，节节放松，拳论有"行气如九曲珠"之说。腰是九颗珠子中间最大的一颗，起承上启下的作用，必须空松，为上下枢纽。为了保持全身松通，必须学会周身放松，首先放松腰部。腰紧全身僵，上下八个关节松，腰自然空松，九个关节，放松有关联。如何操作习练，请试以坐姿站立，以站姿坐下，如此经常演练也许会摸到松腰的拳法。为了习练全身自然松柔，不妨以起床穿衣服系纽扣，吃饭拿筷子的手轻松自如来往于餐桌上，像女性织毛衣轻灵的手去找感觉，平时注意松柔周身大小关节以及随意肌和不随意肌的肌肉群。

拿起物品时，不要想着用心去拿东西，变成用手轻轻扶东西的感觉。具体操作并不难，在家中方便的地方挂上一件衣服，经常扶推，或是扶推窗帘、挂着的毛巾等物。在室外扶推弹性好的细小枝梢树叶，也是出功夫的好办法。

3. 轻扶

轻扶"八方线"一要真扶，在看来似乎没线的地方扶出八方线来，这要看你是否能坚持住。在盘拳时站在八方线中心点上，你的身前身后，四面八方上下左右，也确确实实有八方线。开始练功手上有拙力、本力不要紧，日久拙力、本力会退掉的。二要扶住，行功走架扶住不要断，势断意不断，经常想扶着，断了很快再扶上。

盘拳轻灵圆活，只要认准了这种太极功法，不疑不动摇，久之自有不可言状的兴趣。在太极拳修炼中惟有轻，手上方可退去本力，手才可以松净，只有松才可以扶八方线。轻扶日久，手上自然阴阳变化，重手、力手难以达到轻扶的效果，太极功夫无缘上身。惟有灵，各个大小关节方可虚灵，只有虚灵，气血畅通不僵不滞。有了轻和灵，方能将拳盘圆，只有将拳盘圆才可能得到太极功夫，周身上下从表及里全部活了。所谓活，也就是开合，身上灵活，也可以说周身大小关节松开，随意肌和不随意肌群也通通放松，肌肉全松开。谈到开，心神意气开，肢体开，开也是阴阳变动行拳轻灵，胸中不滞周身不僵。一动周身轻灵，没有走不开的地方。再深究一步，一动，周身大小关节都是圆环，也就是螺旋劲出现。如果较技揉手（推手），轻轻扶上对方来手，对方发不出劲来，脚下发飘，丢掉重心，也就失去进攻能力。

当初，杨老拳师改进教学，是为了使教与学更符合太极拳轻灵圆活的规律，"八方线"理论从此诞生了。经过半个多世纪拳人的实践证明，"八方线"是培养太极拳人才的最佳方法。盘拳没有八方线，就没有中正安舒，怎么去向高层次修炼呢？

三、手脚不离八方线

杨禹廷八方线的关键功法是"轻扶八方线"，一套拳从起势到收势，要轻扶不断，手脚不离"八方线"。

1. 手脚不离

所谓"手脚不离"是指我们在练拳过程中手脚离不开阴阳变化，虚实变转，动静开合。具体讲，脚下有实脚八方线，虚脚八方线；手上有实手八方线，虚手八方线。你的脚下、手上有了八方线，阴阳变化，虚实变转，动静开合就不再是抽象的、看不见摸不着的玄妙之物，而是阴阳、虚实、开合在你的掌握之中，清楚明白地运用在手，变化在脚，周身动静开合自如，再也不练糊涂拳。

太极拳人会说："虚实""开合"，怎么虚，怎么实，什么是开，什么又是合呢？众多拳友研究拳技，"八方线"拳法一说能明白，但摇头不会用。地上画一个八方线图，一说也能明白，但不知怎个练法。这不是不会练、不能练而是不习惯。"拳打千遍其理自现"。很多人都知道熟练能生巧，要多练，多看，多琢磨，没有不成功的。

在行拳过程中，手脚不断循四正四隅方位运行，拳势的种种动作要有正确的方位和起止点，没有"八方线"很难把握准确。拳练到轻灵圆活是拳家练功的目标，要达到此目标，八方线便是最好的"拐棍"。所谓手脚不离八方线，脚下寸步不离一个米字。四正四隅四条线八方位，恰似一个米字。米字周边画上一个外接圆，正是一个八方线图。米字一横一竖是四正线：东南西北；左右四笔是四隅线：东北、东南、西北、西南。刚开始学练八方线不熟练，可以先采用实脚八方线，实手八方线，实脚一个米字，实手一个米字，盘拳方向、方位极为明确，不会出偏差。

2. 轻扶亦分阴阳

手脚有了八方线还不够，为了把握太极拳阴阳学说，还要将每个式分解成若干动作，分清每个动作的起止点。如杨禹廷83式太极拳，起式4动，揽雀尾8动，单鞭2动，为了阴阳变转，每势均为双数（阳）以便接单数（阴）。如单鞭，右手掌变钩为单动（阴），左手拉单鞭为双动（阳）。阴动接阳动，阳动为实，实中再实一次，而变成阴动；阴动变阳动时，再阴一次，便达到"变转虚实"的要求。

按八方线盘架子，就要将以往与拳论"一举动，周身俱要轻灵"相悖的习惯都要在盘拳中一一克服掉。轻扶八方线，手就不能有力，轻轻扶着套路路线行拳，从手用力到不着力，别有一番奥妙，这种轻手就是练拳所需的太极手。脚呢，太极拳人要有一双太极脚。按八方线修炼，手轻扶脚下有力不对，踩地不可，五趾抓地与拳理相悖。一举动，周身都要轻灵，脚当然也要轻灵，脚是根，脚下轻灵，周身自然轻灵，这个道理十分浅显。所谓太极脚，就是两脚平松着地，五趾舒松，脚与大地融为一体。脚松着地，神经渐渐扎入地下，站立自然牢稳，也就是人们常说的桩功稳重。脚平松，膝自然虚灵，松胯空腰。腰是从脚到手九大关节中间承上启下之主宰，不要以腰扭转带动躯干四肢。松肩、垂肘，任何动作都要空肘，肘尖永远向下，腕也要时时注意舒松。在练拳时，手不着力，虎口撑圆，掌要舒展开，不是强直伸开。还要注意一个细节，在轻扶八方线时，为了扶有感觉，实手的食指轻轻扶着起止线的"意念点"。开始时这个点不明显，熟了，伸手就有一个意念点，手扶点走，点走手扶，自自然然功夫就出来了。盘拳行功松、柔、圆、轻、缓为太极拳之特性，以便用意不用力，有利于气血畅通，各个大小关节松开，肢体舒展。在重心转换时，渐变不是突变，掌变拳小指先松拢，然后依次无名指、中指、食指、拇指松拢为空心拳；拳变掌，从拇指开始，依次为食指、中指、无名指、小指逐渐舒展，实钩和虚钩亦然。脚下虚实变换也是渐变，实脚变虚脚，从实渐虚；虚脚变实脚，渐变实，不要以胯横移。弓步变坐步，要严格按方位用功，如面南坐步，右虚脚正南，脚趾上扬；坐步变弓步，右虚脚变实，脚尖仍下落向南，一弓一坐，脚趾一扬一落，恰恰划了一个上下的圆，日久脚下便有了螺旋劲。

太极拳拳理只有一个标准，谁也不能违背，八方线符合拳理拳法。认识、理解八方线，学习、掌握八方线，手脚不离八方线，最能体现拳理。如果练拳多年苦于找不到太极之门，八方线是最佳的选择，一年半载或两三年你将领悟到太极功夫的真谛。

第二十三节 太极松功无极桩

传统太极拳讲究松柔、松空、松无，最佳状态是唐代先师李道子《授秘歌》中唱道的"无形无象，全体透空"的境界。即为心、神、意、气静，极为安静，筋骨肌肤净，极为干净。

太极大师吴图南教授对松功的定义是：

"凡练太极拳者，皆知松、沉为太极拳之主要条件。"

"松者，蓬松也；宽而不紧也；轻松也；放开也；轻松畅快也；不坚凝也；含有小孔以容其他物质之特性也。凡此种种，明示松之意义也。"

吴图南大师著有《松功论》一文（未发表），书中诠释"松功"的习练法，承传的人不多。20世纪80年代以后有人在公园公开传授松功，广东、浙江等地也有人练松功，各家各派都有松功单操手在传播。下面介绍的松功也许对放松肢体，内功进身有益。

无极桩练法

习练松功要站好无极势，在无极势中练松功，周身放松比较顺畅。无极势久站是无极桩，有时间的朋友可以尝试。

无极桩预备势：

面南而立，全身放松，两脚同肩宽，脚及脚趾平松落地，似站在厚草坪上，有上浮之感。踝有热胀感，膝有上提感，松胯，有左右外开下沉感，空腰，腰不要有力，要忘记自己的腰。肩自然下松，肘自然下垂，松腕，手要空，食指轻扶空气。溜臀、裹裆，注意收吸腹股沟，收小腹，收腹，空胸，微微展胸而自然收胸窝，左右胸窝有后吸感，圆背，不要刻意去拔背，弛颈，顶上虚灵，周身内外不挂力。如此站立，检查自身要自然舒服，心、神、意、气安静为好（图19、图20）。

图19   图20

注意，站无极桩不要有意念，也不要意守丹田。站桩取松松空空、虚虚灵灵、自自然然，身心舒畅、舒服为好。这是无极势身形，松功单操手和练拳、推手均应取无极势身形。

有了无极势身形，可以练松功单操手。

一、扶天落地

此功放松双臂，以双手或左右单手练扶天落地。

操作：无极势站好，左右手以无名指引领，松肩向上运行，双臂直上到极限，双手食指不挂力，似轻扶九天，拇指虎口松开，小指松随。

无意念，眼平视。

松脚，关节逐一放松，松至腕、手，松肩，手臂自然跌落，双手落得越低越好。

练"扶天落地"松功，次数由自己定，但不得少于 36 次（图 21）。

图 21

二、轻抖松腕

操作：松肩、垂肘、展指、舒腕，轻抖双腕，一定在周身九大关节放松，周身无极状态下习练。

轻抖双腕包括垂抖、平抖、燕式抖三种方法。

垂抖　松肩，肘自然下垂，舒腕以手指抖腕。注意不要以腕抖，腕挂力效果不佳。

平抖　两臂向前松起与肩平，松腕，以指抖腕，亦可在两臂松起时，一边起一边抖腕（图22）。

燕式抖　两臂左右张开，手心向下，以指松抖双腕（图23）。

图22　　　　　　　　　　　　图23

三、圆摇垂肘

圆摇垂肘松功，以习练垂肘的松沉为主旨。肘在太极拳的体用中理论指导不多，只有"垂肘"和"坠肘"，垂肘自然而不挂力，坠肘似乎意大刻意去坠。

为了自然垂肘，在拳中每一动都要注意垂肘，平时要专门习练垂肘松功。

操作：前臂上抬与
肩成水平，手心向下，
双肘松垂向左画圆，再
向右画圆。注意松肩，
前臂不挂力，展指舒腕
不挂力（图24）。

拳式可单操手，自
然垂时练单式。

图24

四、云松双臂

云松双臂顾名思义，
是挥动两臂围身体平转，似云绕身飘舞。有此意识使习练松功
时手、臂、腰、胯不挂力，双脚不踩地，放在地上。

操作：无极势站住，
双脚同肩宽，双臂自然松
垂，无名指引领，双手向
前松起与肩平，手背朝下
左右手向左右张开至极限
（图25），上臂仍保持与
肩平，垂肘前臂松落，掌
心向上转手背相对（图
26），五指伸向腋窝再向
前平伸双臂至极限（图
27）。手心向上，再循原
路返回，手心向下转朝

图25

图 26   图 27

上，双手在身前身左右侧来回画两个圆环。反复习练百次。

注意：操作云松双臂松功，在松功的"松"字上下工夫，周身大小关节不可出力，定要自然松肩，自然垂肘。

五、平 ∞ 松胯

操作：平 ∞ 松胯，以胯左右起划出 ∞ 字，松胯循 ∞ 路线走向，面南而立，左胯向东南绕，回到西北，再从西南环向东北。往返环绕，以胯走出平 ∞ 字。意松胯、空腰（图28、图29）。

注意：在平 ∞ 松胯环绕时，周身放松不挂力，胯不用力以左右腿变转重心，使胯松活环绕。预备势双手插腰。

图 28　　　　　　　　　　　　　　图 29

六、松落松起

松落松起功操作简便，易懂、易学、易操作。

操作：原地松站，两脚同肩宽，蹲下站起便完成此功。

此功意在松腰训练。松落时先松脚、松踝、松膝、松胯、松腰，上肢松肩、垂肘、松腕、空手。注意松落时，胯以上、肩以下不挂力，两臂自然垂落。

一定把握松落，起身时也从脚上松起，身上、腰上不能挂力协助。松落时，腰挂力即停，松起。反复习练至松落周身不挂力，再往下松至极限。能松落多少，挂力便松起，注意不是蹲身。

另一操作法：左右手隙合十式（两手不接触，指梢留一空隙），落地，臂不可挂力（图30~图33）。

图 30

图 31

图 32

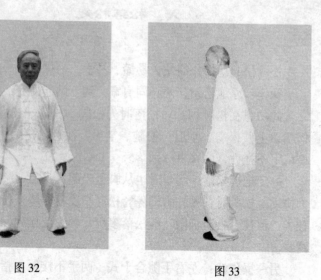

图 33

七、松旋脚踝

松旋脚踝松功，合太极拳"立柱式"身形单腿重心，含平衡松功。

操作：开始习练双脚平松放于地上，"放"不是踩地，双脚放于地上有轻轻的上浮感。

站立时不要强直，膝微屈，左右腹股沟微收吸。平衡阴阳，单腿无极桩的辅助功法。

双腿站立，以一只脚松虚一只脚实，左右轮换。有了功夫，一只脚放在一块平卧的砖上，另一只脚内外虚环转，以脚趾带动踝旋转，周身不可挂力，踝松虚不挂一丁点力（图34、图35），左右轮换（也可不站砖）。

图 34

图 35

八、左右空身

左右空身功法是针对身体有力难退而练。练拳内功拳中得，内功上身之条件通过太极拳修为退去身上本力。主动练拳内功不上身，被动修为内功方可上身。而主要之条件是肩以下胯以上要松空，要空腹、空胸、空腰。左右空身松功是辅助功法。

操作：面南，无极势，两脚同肩宽，左右两掌合十，松肩垂肘、空胸腹。合十手心相对，掌中指对鼻尖，与胸距两拳，肩肘不挂力。

合十掌向左，松空上身向右；上身向左，合十掌在脸前划弧向右（图36、图37）。反复36、66、99次，视自己体力而定。

图36

图37

九、太极阴阳连环手

　　阴阳连环手松功是习练左右双臂放松，从脚上松到手，从手下松到脚，如此促进周身空松。左右手在胸前向外压化（打），松打形成两个环；而成为阴阳连环手，实战应用也是很有功效的。

　　操作：无极桩，面南而立，两脚同肩宽，两臂左右平伸（图38）。起动时，右手向前伸，从上而下松压，左手向后，从下而上自左肋向前上打。左手再从前打位松下，向后下、向上至正后方压打；右手自下而上往正前方打（图39~图41）。循环往返，生生不息，习练松肩、垂肘、松腕，空手松打。

图38

图39

图 40　　　　　　　　　　　图 41

　　此功为松功不是技击功，要周身松练，面前有一位虚拟人为佳，"无人似有人，有人似无人"。

十、悬　垂

　　操作：寻横排肋或单杠，高以双脚自然离地为佳。双手握住，周身松垂脚悬，松九大关节，周身放松，仅双手手指力握。

后 记

　　读者可能注意到了，本书在太极内功、内外双修及拳艺各个部位都涉及到了，惟呼吸一节未收入书中。

　　年轻时随多位拳家学拳，跟随太极拳大师杨禹廷时间最长，前后十几年，其中到老爷子家中求教也有九个年头。杨老爷子很少说呼吸。在杨老爷子家中学拳，感情深，爷俩成为至亲至爱，憋在肚子里的呼吸功法想问个详细。有的拳家看重教授呼吸，见诸文字的呼吸法有：深呼吸法、快慢深呼吸法、腹式呼吸法、反式呼吸法、逆式呼吸法、顺式呼吸法、周天呼吸法以及潜呼吸、气贴背等等。我不止一次请教杨老师，杨老爷子说，练拳不要想呼吸，也不要管呼吸，越想呼吸越不会呼吸，"呼吸以自然为好"。

　　杨禹廷老师不教授呼吸。关于呼吸，九年来仅说过"呼吸往来于口"，"气遍周身（身躯）不稍滞"，"用脚呼吸"三句话。听劲遍布全身，杨老爷子的小手指尖也有气在流动。杨禹廷老恩师阳寿 96 岁而终，与他得益于"气遍周身不稍滞"的自然呼吸有很大关系。

　　笔者初学拳总是想着呼吸，胸腹部位经常憋闷，越想气贴背心里越难受。在杨老师的指导下，不想呼吸，呼吸反而顺畅。随着太极拳拳艺的提高，呼吸也在不断地有微妙的变化，腹式呼吸、深呼吸、脚呼吸等呼吸法自然解决，最后，气遍周身任何部位，小手指梢也有了呼吸。进而自己以气为自己各个部位进行"按摩"，周身得到放松休息，又能治疗自身偶然产生的不爽。

笔者修炼太极拳的体会，自然呼吸为好，内功上身，自己调理周身内外，呼吸更为顺畅。所以笔者很少讲授呼吸，请读者同道在修炼中体验。